Joseph Smith jr.
Vorlesungen über Glauben
Edition Eliza
3

Zu diesem Buch

Die vorliegende deutsche Übersetzung beruht auf dem Text der Lectures on Faith, wie sie von Joseph Smith jun. 1835 zur Veröffentlichung vorgeschlagen und am 17. August 1835 von den zuständigen Gremien der Kirche Jesu Christi der Heiligen der Letzten Tage als Bestandteil des Buches Lehre und Bündnisse erklärt wurden. Die Versnummerierung der Erstausgabe von Lehre Und Bündnisse wurde übernommen. Die erste Auflage der deutschen Übersetzung erschien im Jahre 1982 bei T. Glumann Verlag, Saarbrücken. Die Cover-Grafik von Heinrich Lersch, Wien wurde in die vorliegende dritte Auflage übernommen. Die zweite Auflage hatte LDS Service, Friedrichsdorf, realisiert. Nach der Auflösung dieser Unternehmung wurde das Copyright an Angelika Glumann zurückgegeben. Von der Übersetzerin stammen auch die Fußnoten und das Inhaltsverzeichnis.

Nachdem die zweite Auflage vergriffen und inzwischen eine neue Generation herangewachsen ist, scheint eine dritte Auflage dieses möglicherweise längsten von Joseph Smith verantworteten Textes zu einem bestimmten Thema angebracht.

Joseph Smith jr.
Vorlesungen über Glauben

Dritte erweiterte Auflage

Aus dem Amerikanischen übertragen und mit Fußnoten,
einem Inhalts- und Literaturverzeichnis versehen von
Angelika Glumann

Edition Eliza

Bibliographic information of the German National Library: The German National Library lists this publication in the German National Bibliography; Detailed bibliographic data are available on the Internet at http://dnb.dnb.de.

Herstellung und Verlag: BoD-Books on Demand, Norderstedt

ISBN: 978-3-**951981-972**

Inhalt

---

[1] Die Verwendung von Singular und Plural bei „lecture" bzw. Vorlesung ist in beiden Sprachen uneinheitlich. Ich habe mich für den Singular im Titel entschieden und z. B. für „Lecture First" 1. Sitzung verwendet.

Vorwort der Übersetzerin

Joseph Smith, der 1830 die Kirche Jesu Christi der Heiligen der Letzten Tage gegründet hatte, erhielt am 27 Dezember 1832 eine Offenbarung, in der die Empfänger unter anderem aufgefordert wurden, eine Schule der Propheten einzurichten. Diese sollte vor allem dazu dienen, dass die Beamten der Kirche „in allem, was für sie ratsam ist, unterwiesen werden" könnten (Lehre und Bündnisse 88:127). Die Schule wurde in Kirtland, Ohio 1833 eingerichtet und bis in den April durchgeführt. Dann machte die Vertreibung der Heiligen aus Missouri dem Unterricht zunächst ein Ende.

Doch schon im November 1834 wurden wieder Anstrengungen unternommen, Kurse durchzuführen, die vor allem dazu dienen sollten, die Ältesten noch besser für die Missionsarbeit vorzubereiten. Auch sollten einige Inhalte in das Buch Lehre und Bündnisse aufgenommen werden. Joseph Smith schreibt darüber: „Im Januar widmete ich meine Zeit der Schule der Ältesten und stellte die Bearbeitung der Theologie-Vorlesung für die Publikation im Buch „Lehre und Bündnisse" zusammen, die das Komitee im September beschlossen hatte" (History of the Church of Jesus Christ of Latter-day Saints, Vol. II, Salt lake City 1976, S. 180)

Es war von Anfang an klar, dass die „Vorlesung über Glauben" nicht in gleicher Weise als Offenbarung angesehen werden konnte, wie die übrigen Abschnitte des Buches Lehre und Bündnisse. Sie wurde als „nützliche Lehre" betrachtet und als solche publiziert. (Vgl. History of the Church a.a.O. S. 176 Fußnote *) Ab 1921 wurde die Vorlesung aus dem Buch „Lehre und Bündnisse" herausgenommen.

Schwierigkeiten beim Übersetzen ergaben sich vor allem aus dem methodischen Vorgehen des Propheten. Er war sichtlich bemüht, seine Gedanken vor allem aus der Bibel zu begründen. Dabei konnte er sich nur auf die englische Version, nicht auf die Urtexte stützen. Geht man von der deutschen Bibelübersetzung aus, führt dies dazu, dass seine Argumentation in manchen Fällen unverständlich erscheint. In solchen Fällen habe ich die deutsche Fassung, die der King-James-Version am nächsten kommt oder auch eine eigene Übersetzung der King-James-Version gewählt, bzw. als Fußnote beigefügt. In allen anderen Fällen wurde die Bibel nach der Einheitsübersetzung zitiert, wofür dankenswerterweise das Katholische Bibelwerk Genehmigung erteilt hat.

Danken möchte ich auch Lieselotte Kittenberger für das sorgfältige Durchgehen des deutschen Textes und meinem Mann für seine Beratung und stetige Ermutigung. Für alle verbliebenen Mängel der Übersetzung bin selbstverständlich ich allein verantwortlich.

Angelika Glumann

ERSTE SITZUNG

Über die Lehre der Kirche Jesu Christi der Heiligen der Letzten Tage, ursprünglich gehalten vor einer Klasse der Ältesten in Kirtland, Ohio.

1. Da Glauben der erste Grundsatz[2] der offenbarten Religion und die Grundlage aller Rechtschaffenheit ist, hat er selbstverständlich Anspruch auf den ersten Platz in einer Reihe von Vorlesungen, die den Zweck haben, die Lehre Jesu Christi zu entfalten.

2. Bei der Behandlung des Themas „Glauben" wollen wir die folgende Reihenfolge einhalten:

3. Erstens: Der Glaube selbst – was ist er?

4. Zweitens: Worauf beruht der Glaube?

5. Drittens: Was bewirkt der Glaube?

6. In Übereinstimmung mit dieser Reihenfolge müssen wir zunächst aufzeigen, was Glaube ist.

7. Der Autor des Hebräerbriefes gibt uns im ersten Vers des elften Kapitels dieses Briefes folgende Definition des Wortes „Glaube":

8. „Glaube aber ist: Feststehen in dem, was man erhofft, Überzeugt sein von Dingen, die man nicht sieht."

---

[2] Bei diesen Ausdrücken steht im Original das Wort „principle", das wir wohl am genauesten – wenn auch sehr abstrakt – mit dem deutschen Wort „Prinzip" im Sinne des philosophischen Sprachgebrauchs wiedergeben würden. Dieses Wort stammt aus dem Lateinischen und steht für „Anfang" oder „das Erste". „Als das Erste ist es notwendigerweise das Erste von etwas, d.h. der erste Grund. Als das Un-bedingte ist es nie ohne sein Begründetes und Bedingtes." (Aus Fischer-Lexikon Philosophie, S. 213)

9. Daraus lernen wir, dass Glaube die Überzeugung ist, die Menschen von Dingen haben, die sie nicht gesehen haben. Die Überzeugung ist der Beweggrund des Handelns bei allen intelligenten Wesen. 10. Wenn die Menschen sich gründlich selbst betrachteten und ihre Gedanken und Überlegungen auf die Vorgänge in ihrem Gemüt richteten, so würden sie leicht entdecken, dass Glaube, und nur Glaube, der Beweggrund für alle Aktivität in ihnen ist; ohne ihn würden sowohl Geist wie Körper in einem Zustand der Untätigkeit verharren und alle ihre Anstrengungen, sowohl physischer wie geistiger Art würden aufhören.

11. Wenn alle Teilnehmer ihren Blick in die Vergangenheit richteten und über die Geschichte ihres Lebens, vom Zeitpunkt ihrer frühesten Erinnerungen an, nachdächten und sich fragten, was sie letztlich zu Taten angespornt hat oder was ihnen die Energie und Wirksamkeit in all ihren Unternehmungen, Aufgaben und ihrem Streben gab, wie würde die Antwort lauten? Wäre es nicht die Zuversicht, die sie von der Existenz von Dingen hatten, die sie noch nicht gesehen hatten? War es nicht die Hoffnung, die sie als Folge Ihres Glaubens an die Existenz ungesehener Dinge besaßen, die sie zu Taten und Anstrengungen herausforderte, um diese Dinge zu erlangen? Sind Sie nicht bei dem Erwerb von aller Kenntnis, Weisheit und Intelligenz von Ihrem Glauben oder Ihrer Zuversicht abhängig? Würden Sie sich anstrengen, Weisheit und Intelligenz zu erlangen, wenn Sie nicht daran glaubten, dass diese möglich ist? Hätten sie jemals etwas gesät, wenn Sie nicht zuvor geglaubt hätten, dass Sie auch ernten würden? Hätten Sie jemals etwas gepflanzt, wenn Sie nicht geglaubt hätten, dass es Ihnen Furcht bringen würde? Hätten Sie jemals gesucht, ohne den Glauben, dass Sie finden könnten? Oder hätten Sie jemals angeklopft ohne den

Glauben, das Ihnen aufgetan würde? Mit einem Wort: Gibt es irgendetwas, sei es physischer oder geistiger Art, das Sie getan haben, ohne vorher etwas zu glauben? Hängen nicht alle Ihre Bemühungen, in welchem Bereich auch immer, von Ihrem Glauben ab? Können wir nicht die Frage stellen, was Sie denn haben oder besitzen, das Sie nicht kraft ihres Glaubens erlangt hätten? Ihre Nahrung, Ihre Kleidung, Ihre Wohnung, stehen sie Ihnen nicht aufgrund Ihres Glaubens zur Verfügung? Denken Sie darüber nach und fragen Sie sich, ob es nicht so ist! Richten Sie Ihre Gedanken auf Ihr Inneres und sehen Sie selbst, ob Glaube nicht der Beweggrund[3] für all Ihr Handeln ist; und wenn dieser der Beweggrund bei Ihnen ist, ist er es dann nicht auch bei allen intelligenten Wesen?

12. Und so wie Glaube der Beweggrund allen Handelns in zeitlichen Belangen ist, so ist er es auch in geistigen Dingen; denn unser Retter hat sehr richtig gesagt: „Wer glaubt und sich taufen lässt, wird gerettet!" (Markus 16:16)

13. Genauso, wie wir durch Glauben alle unseren zeitlichen Segnungen bekommen, empfangen wir durch Glauben alle geistigen Segnungen, deren wir teilhaftig werden. Aber Glaube ist nicht nur die Grundlage[4] allen Handelns, sondern auch der Macht bei allen intelligenten Wesen, sei es im Himmel oder auf Erden. So sagt auch der Verfasser des Hebräerbriefes (Kap 11:3):

14. „Durch Glauben – verstehen wir – wurden die Welten durch Gottes Wort geformt, so dass die sichtbaren Dinge nicht aus dem gemacht sind, was in Erscheinung tritt."[5]

---

[3] Vgl. Anm. 2
[4] Vgl. Anm. 2
[5] Dies ist eine eigene Übersetzung aus der King-James-Version. Die Fassung der Einheitsübersetzung lautet: „Aufgrund des Glaubens erkennen wir, dass die Welt durch Gottes Wort erschaffen worden und dass so aus Unsichtbarem das Sichtbare entstanden ist." Die englische Fassung lässt beide Verständnisweisen zu, d. h. man kann

15. Hieraus entnehmen wir, das die Grundlage der Macht, die in Gott vorhanden war und wodurch die Welten geformt wurden, Glaube war. Aufgrund dieses Prinzips der Macht, wie es in der Gottheit vorhanden war, haben alle geschaffenen Dinge ihr Dasein, so dass alle erschaffenden Dinge im Himmel, auf der Erde oder unter der Erde ihr Dasein aufgrund des Glaubens haben, wie er in IHM bestand.

16. Ohne den Grundsatz des Glaubens wären die Welten nie geformt, noch wäre der Mensch aus dem Staube gebildet worden. Es ist der Grundsatz, durch den Jehovah wirkt und durch den ER über zeitliche wie auch ewige Dinge Macht ausübt. Nehmet diesen Grundsatz oder diesen Wesenszug – denn es ist eine Wesenszug – aus der Gottheit fort, und sie würde aufhören zu bestehen.

17. Er kann nicht sehen, dass, wenn Gott die Welten durch Glauben formte, Er auch durch Glauben Macht über sie ausübt und dass ‚Glaube somit die Grundlage der Macht ist. Und wenn er die Grundlage der Macht ist, muss er es beim Menschen ebenso wie bei der Gottheit sein. Dies ist das Zeugnis aller Verfasser heiliger Schriften und die Lehre, die sie bestrebt waren, den Menschen zu vermitteln.

18. Unser Retter sagt (Mt. 17:19,20), als er erklärt, warum die Jünger den Teufel nicht austreiben konnten, dass dies an ihrem Unglauben lag: „Amen, das sage ich euch: Wenn euer Glaube auch nur so groß ist wie ein Senfkorn, dann werdet ihr zu diesem Berg sagen: Rück von hier nach dort, und er wird wegrücken. Nichts wird euch unmöglich sein."

---

das „durch Glauben" sowohl auf unser Erkennen wie auf Gottes Schaffen beziehen. Ich habe die zweite Möglichkeit gewählt, weil aus dem Folgenden hervorgeht, dass Smith diesen Text so aufgefasst hat. Nach der Interlinearübersetzung kann man davon ausgehen, dass auch der griechische Urtext beide Verständnismöglichkeiten zulässt.

19. Als Moroni die Platten seiner Vorfahren zusammenstellte und abkürzte, gab er uns folgende Berichte über Glauben als Grundlage der Macht. Er sagt, dass es der Glaube Almas und Amuleks war, der die Wände des Gefängnisses zum Einsturz brachte (Alma 14: 16-28); es war der Glaube Nephis und Lehis, der einen Wandel in den Herzen der Lamaniten bewirkte, als sie mit heiligem Geist und Feuer getauft wurden (Hel. Kap. 5); und es geschah durch Glauben, dass der Berg Zerin fortgerückt wurden, als der Bruder Jareds im Namen des Herrn sprach (Ether 12:30).

20. Zusätzlich wird uns im Hebräer 11:32-35 gesagt, dass Gideon, Barak, Samson, Jephtah, David, Samuel und die Propheten durch Glauben Königreiche besiegt, Gerechtigkeit geübt, Verheißungen erlangt, Löwen den Rachen gestopft und Feuersglut gelöscht haben, dass sie scharfen Schwertern entgangen sind, dass sie stark geworden sind, als sie schwach waren, dass sie im Krieg zu Helden geworden sind und feindliche Heere in die Flucht geschlagen haben und dass Frauen ihre Toten durch Auferstehung zurückerhielten usw.

21. Auch Josua befahl in Gegenwart ganz Israels der Sonne und dem Mond, still zu stehen, und des geschah so (Jos. 10:12,13).

22. Die Verfasser der heiligen Schriften teilen uns also mit, dass alle diese Dinge durch Glauben getan wurden. Durch Glauben wurden die Welten geformt. Gott sprach, das Chaos hörte darauf und Welten ordneten sich kraft des Glaubens, der in Ihm wohnte. So ist es auch beim Menschen; er sprach voller Glauben im Namen Gottes, und die Sonne stand still, der Mond gehorchte, Berge wurden versetzt, Gefängnisse fielen zusammen, Löwenrachen wurden geschlossen, das menschliche Herz verlor seine Feinseligkeit, Feuer sein Ungestüm, Armeen ihre Macht, das Schwert seinen Schrecken

und der Tod seine Herrschaft; und all dies wegen des Glaubens, der in ihm war.

23. Ohne den Glauben, der in diesen Menschen war, hätten sie vergeblich zur Sonne, dem Mond, dem Berg, dem Gefängnis, dem menschlichen Herzen, dem Feuer, den Armeen, dem Schwert oder dem Tod gesprochen.!

24. Glaube ist also der erste regierende Grundsatz, der Macht, Herrschaft und Gewalt über alle Dinge hat; durch ihn haben sie ihr Dasein, durch ihn werden sie erhalten, durch ihn verändern sie sich oder durch ihn bleiben sei, dem Willen Gottes gemäß. Ohne Glauben gibt es keine Macht, und ohne Macht könnte es keine Schöpfung und kein Dasein geben.

Fragen und Antworten

Was ist Theologie?

Sie ist die offenbarte Wissenschaft, die vom Sein und vom Wesen Gottes handelt, von Seinem Verhältnis zu uns, Seinen vorausschauenden Fügungen, Seinem Willen im Hinblick auf unser Verhalten und den letzten Zielen, die er mit uns verfolgt. (Buck's Theologisches Wörterbuch, S. 582)

Was ist der erste Grundsatz in dieser offenbarten Wissenschaft?

Der Glaube (vgl. 1:1).

Warum ist der Glaube der erste Grundsatz in dieser offenbarten Wissenschaft?

Weil er die Grundlage aller Rechtschaffenheit ist.

Hebr. 11:6: „Ohne Glauben aber ist es unmöglich, Gott zu gefallen;..."

14

1. Joh. 3:7: „Meine Kinder, lasst euch von niemand in die Irre führen! Wer die Gerechtigkeit tut, ist gerecht, wie Er (Gott) gerecht ist."

Welche Reihenfolge bietet sich für die Darlegung des Themas „Glaube" an? Erstens sollte aufgezeigt werden, was Glaube ist (vgl. 1:3), zweitens worauf er beruht (vgl. 1:4) und drittens, was er bewirkt (vgl. 1.5).

Was ist Glaube?

Es ist die Gewissheit von dem, was man erhofft, die Überzeugung von Dingen, die man nicht gesehen hat (Hebr. 11:1); das heißt, es ist die Gewissheit, die wir von der Existenz ungesehener Dinge haben. Und da er die Überzeugung von Dingen ist, die wir nicht gesehen haben, muss er die Grundlage des Handelns bei allen intelligenten Wesen sein. Hebr. 11:3: „Durch Glauben – verstehen wir – werden die Welten durch Gottes Wort geformt. ..."[6]
(Vgl. 1:8,9)

Wie kann man beweisen, dass Glaube die Grundlage des Handelns bei allen intelligenten Wesen ist?
Erstens durch richtige Beobachtung der Vorgänge im eigenen Innern und zweitens durch Aussagen der Schrift.
Hebr. 11:8: „Aufgrund des Glaubens gehorchte Abraham dem Ruh, wegzuziehen in ein Land, das er zum Erbe erhalten sollte; und er zog weg, ohne zu wissen, wohin er kommen würde".
Hebr. 11:9: „Aufgrund des Glaubens hielt er sich als Fremder im verheißenen Land wie in einem fremden Land auf

---

[6] Vgl. Anm. 3

und wohnte mit Isaak und Jakob, den Miterben derselben Verheißung, in Zelten ..."

Hebr. 11:27: „Aufgrund des Glaubens verließ er (Moses) Ägypten ohne Furcht vor dem Zorn des Königs; er hielt standhaft aus, als sähe er den Unsichtbaren."

(Vgl. 1:10,11)

Ist Glaube nicht bei geistigen Dingen genauso die Grundlage des Handelns wie bei zeitlichen Dingen?
Ja.

Wie kann man dies beweisen?
Hebr. 11:6: „Ohne Glauben aber ist es unmöglich, (Gott) zu gefallen; ..."
Mk. 16:16: „Wer glaubt und sich taufen lässt, wird gerettet; ..."
Röm 4:16: „Deshalb gilt ,aus Glauben', damit auch gilt: ,aus Gnade'. Nur so bleibt die Verheißung für alle Nachkommen gültig, nicht nur für die, welche das Gesetz haben, sondern auch für die, welche wie Abraham den Glauben haben."[7]
(Vgl. 1:12,13)

Ist Glaube noch etwas anderes als die Grundlage des Handelns?
Ja.

Was ist er noch?
Er ist ebenfalls die Grundlage der Macht (vgl. 1:13).

Wie kann man das beweisen?

---

[7] Vgl. Anm. 4

Erstens: er ist bei der Gottheit ebenso die Grundlage der Macht wie beim Menschen.

Hebr. 11:3: „Durch Glauben – verstehen wir – wurden die Welten durch Gottes Wort geformt, so dass die sichtbaren Dinge nicht aus dem gemacht sind, was in Erscheinung tritt."[8] Vgl. 1:14,15,16

Zweitens: er ist auch beim Menschen die Grundlage der Macht. Im Buch Mormon werden im Alma 14:26-28 Alma und Amulek aus dem Gefängnis befreit, in Hel. Kap. 5 werden Nephi und Lehi zusammen mit den Lamaniten vom Heiligen Geist erfüllt und in Eth. 12:30 wird der Berg Zerin durch den Glauben von Jareds Bruder fortgerückt.

Jos. 10:12: „Damals als der Herr die Amoriter den Israeliten preisgab, redete Josua mit dem Herrn, dann sagte er in Gegenwart der Israeliten: Sonne bleib stehen über Gibeon, und du Mond, über dem Tal von Ajalon!"

Jos. 10:13: „Und die Sonne blieb stehen, und der Mond stand still, bis das Volk an seinen Feinden Rache genommen hatte. Das steht im ‚Buch der Aufrechten'. Die Sonne blieb also mitten am Himmel stehen, und ihr Untergang verzögerte sich ungefähr einen ganzen Tag lang."

Mt. 17:19: „Als die Jünger mit Jesus allein waren, wandten sie sich an ihn und fragten: Warum konnten wir denn den Dämon nicht austreiben?"

Mt. 17:20: „Er antwortete: Weil euer Glaube so klein ist. Amen, das sage ich euch: Wenn euer Glaube auch nur so groß ist, wie ein Senfkorn, dann werdet ihr zu diesem Berg sagen: Rück von hier nach dort! und er wird wegrücken. Nichts wird euch unmöglich sein."

---

[8] Engl.:evidence. Das Fremdwort „Evidenz" meint mehr als Beweis. „Evident" sind Sachverhalte, die entweder klar bewiesen sind oder so unmittelbar einleuchten, dass ein weiterer Beweis nicht nötig ist.

Hebr. 11:32ff: „Und was soll ich noch aufzählen? Die Zeit würde mir nicht reichen, wollte ich von Gideon reden, von Barak, Simson, Jiftach, David und von Samuel und den Profeten; sie haben aufgrund des Glaubens Königreiche besiegt, Gerechtigkeit geübt, Verheißungen erlangt, Löwen den Rachen gestopft, Feuersglut gelöscht; sie sind scharfen Schwertern entgangen; sie sind stark geworden, als sie schwach waren; sie sind im Krieg zu Helden geworden und haben feindliche Heere in die Flucht geschlagen. Frauen haben ihre Toten durch Auferstehung zurückerhalten. Einige nahmen die Freilassung nicht an und ließen sich foltern, um eine bessere Auferstehung zu erlangen." (Vgl. 1:16-122)

Wie lässt es sich noch deutlicher erklären, dass Glaube der erste regierende Grundsatz ist, der Macht, Herrschaft und Gewalt über alle Dinge hat?

Durch ihn haben sie ihr Dasein, durch ihn werden sie erhalten, durch ihn verändern sie sich, oder auch: durch ihn bleiben sie in Übereinstimmung mit dem Willen Gottes. Ohne ihn gibt es keine Macht, und ohne Macht könnte es keine Schöpfung und kein Dasein geben. (Vgl. 1:24)

ZWEITE SITZUNG

1. Nachdem wir in der vorigen Sitzung die Frage „Der Glaube selbst – was ist er?" beantwortet haben, wollen wir jetzt fortschreiten, um die zweite Frage „Worauf beruht der Glaube?" zu beantworten.

2. Wir stellen hier fest, dass Gott allein der oberste Herrscher und das einzige unabhängige Wesen ist, in dem alle Fülle und Vollkommenheit lebt; Er ist ohne Anfang der Tage und Sein Leben hat kein Ende; jede gute Gabe und jeder gute Grundsatz wohnen in ihm; er ist der Vater des Lichts; in Ihm lebt der Grundsatz des Glaubens unabhängig, und Er selbst ist der Gegenstand, in dem der zu Leben und Erlösung führende Glaube aller anderen vernunftbegabter und verantwortlichen Wesen seinen Mittelpunkt hat.

3. Um diesen Teil des Themas klar und deutlich zu beleuchten, ist es notwendig, zurückzugehen und aufzuzeigen, welche Beweisgründe[9] die Menschheit hatte und auf welchen Grundlagen wiederum diese Beweisgründe, vom Beginn der Schöpfung an, ruhen oder ruhten, um an die Existenz eines Gottes zu glauben.

4. Wir denken jetzt nicht an jene Beweise[10], die in den Werken der Schöpfung, welche wir täglich mit unseren natürlichen Augen wahrnehmen können, vor uns liegen. Wir sind uns bewusst, dass, einer Offenbarung Jesu Christi gemäß, die Werke der Schöpfung in ihrer Unermesslichkeit und Mannigfaltigkeit Seine ewige Macht und Göttlichkeit deutlich zum Ausdruck bringen. – Röm. 1:20: „Seit Erschaffung der Welt wird seine unsichtbare Wirklichkeit an den Werken der Schöpfung mit der Vernunft wahrgenommen, seine ewige Macht und Gottheit. ..." Aber wir meinen jetzt jene Beweise,

---

[9] Auch hier im Englischen der Begriff "evidence".
[10] = evidence

19

die als erstes die Menschen auf den Gedanken brachten, dass da ein Gott war, der alle Dinge geschaffen hat.

5. Wir werden jetzt damit fortfahren, dass wir die Situation des Menschen unmittelbar nach der Schöpfung untersuchen. Die Geschichtsbücher des Moses geben uns, im ersten Kapitel des Buches Genesis, Vers 20-30, folgenden Bericht darüber. Wir zitieren nach der neuen Übersetzung[11]:

6. „Und ich, Gott, sagte zu meinem Einziggezeugten, der von Anfang an bei mir war: Lass uns den Menschen schaffen als unser Abbild, uns selbst ähnlich! Und so geschah es.

7. Und ich Gott sprach: Lasst sie herrschen über die Fische des Meeres und über di Vögel der Luft und über das Vieh und über die ganze Erde und über alles Kriechende, das auf Erden kriecht.

8. Und ich, Gott, erschuf den Menschen als mein Abbild, als Abbild meines Einziggezeugten erschuf ich ihn; als Mann und Frau erschuf ich sie. Und ich, Gott, segnete sie und sprach zu ihnen: Seid fruchtbar und mehret euch und füllet die Erde und machet sie euch untertan und herrschet über die Fische des Meeres und über di Vögel der Luft und über das Vieh und über die ganze Erde und über alles Kriechende, das auf Erden kriecht.

9. Und ich, Gott, sprach zum Menschen: Siehe, da gebe ich dir jegliches Samen bringende Kraut, das auf Erden ist, und jeglichen Baum, an dem Frucht ist, die den Samen in sich hat, einen Baum hervorzubringen; es sei dir zur Nahrung!"

10. Und weiter in Genesis 2:15,17,19,20[12] „Und ich, der Herr Gott, nahm den Menschen und setzte ihn in den Garten von Eden, ihn zu bebauen und z7u hüten. Und ich, der Herr Gott, gebot dem Menschen, nämlich: Von allen Bäumen des

---

[11] Damit meint er seine eigene Bibelübersetzung. Wir finden den entsprechenden Text im „Buch Mose" in der „Köstlichen Perle". Das dann folgende Zitat steht in Köstliche Perle, Mose 2:26-29
[12] Vgl. Köstliche Perle, Mose 3:15,16,117,19,20

Gartens magst du nach Blieben essen, aber vom Baum der Erkenntnis Gut und Böse sollst du nicht essen; doch du magst dich selbst entscheiden, denn das ist dir gewährt; aber bedenke, dass ich es verbiete, denn an dem Tag, da du davon isst, wirst du sicherlich sterben."

11. Und aus dem Erdboden gestaltete ich, der Herr Gott, alle Tiere des Feldes und alle Vögel der Luft und gebot ihnen, zu Adam zu kommen, zu sehen, wie er sei nennen würde; wie auch immer Adam ein jegliches lebendige Geschöpf nennen würde, so sollte es heißen. Und Adam gab allem Vieh und den Vögeln der Luft und allen Tieren des Feldes ihren Namen; ..."

12. Aus dem Vorangegangenen lernen wir die Situation des Menschen unmittelbar nach der Schöpfung kennen, die Kenntnis, mit der er begabt, und den hohen und erhabenen Stand, der ihm angewiesen worden war – er war als Herr oder Regent über alle Dinge auf Erden eingesetzt und erfreute sich gleichzeitig der Gemeinschaft und des vertrauten Umgangs mit seinem Schöpfer, ohne einen Schleier oder eine Trennung zwischen ihnen. Jetzt werden wir fortfahren und den Bericht untersuchen, der von seinem Fall und seiner Vertreibung aus den Garten Eden und der Gegenwart des Herrn gegeben wird.

13. Mose fährt fort[13]: „Und sie hörten die Stimme Gottes des Herrn, als sie sich in der Kühle des Tages im Garten ergingen; und Adam und seine Frau versteckten sich vor der Gegenwart Gottes des Herrn unter den Bäumen im Garten. Und ich, der Her Gott, rief Adam und sprach zu ihm: Wo bist du? Und er sprach: Ich hörte deine Stimme im Garten und ich fürchtete mich, denn ich sah, dass ich nackt war, und versteckte mich.

14. Und ich, der Herr Gott, sprach zu Adam: Wer hat dir gesagt, dass du nackt bist; hast du von dem Baum gegessen, von dem ich dir geboten habe, nicht zu essen, da du sonst

---

[13] Vgl. Köstliche Perle, Mose 4:14-25

sicherlich sterben würdest? Und der Mensch sprach: Die Frau, die du mir gegeben hast und die nach deinem Gebot bei mir bleiben soll – sie hab mir von der Frucht des Baumes gegeben, und ich habe gegessen. 15. Und ich, der Herr Gott, sprach zu der Frau: Was hast du da getan? Und die Frau sprach: Die Schlange hat mich verleitet, und ich habe gegessen. ... 16. Zu der Frau sprach ich, der Herr Gott: Sehr mehren will ich deine Mühsal, deine Schwangerschaft; unter Mühen sollst du Kinder hervorbringen, und nach deinem Mann wird dein Verlangen sein, und er wird über dich herrschen. 17. Und zu Adam sprach ich, der Herr Gott: Weil du auf die Stimme deiner Frau gehört und von der Frucht des Baumes gegessen hast, von den ich dir gebot, nämlich: Du sollst davon nicht essen!, so sei der Erdboden um deinetwillen verflucht; in Mühsal sollst du von ihm essen alle Tage deines Lebens. Dornen und Disteln wird er dir hervorbringen, und du wirst das Kraut des Feldes essen. Im Schweiße eines Angesichts wirst du Brot essen, bis du zum Erdboden zurückkehrst – denn du wirst sicherlich sterben – denn von ihm bist du genommen; denn du warst Staub, und zum Staub musst du zurück. Dem folgte sogleich die Erfüllung des Gesagten – der Mensch wurde vertrieben oder aus Eden fortgeschickt."

18. Zwei wichtige Punkte werden durch die vorhergehenden Zitate aufgezeigt. Erstens: nachdem der Mensch geschaffen war, wurde er nicht ohne Einsicht und Verständnis gelassen, um in Dunkelheit zu wandeln oder sein Dasein in Ungewissheit und Zweifel über den großen und wichtigen Punkt hinzubringen, welcher seine Glückseligkeit betraf, nämlich die wahre Antwort auf die Frage zu kennen, von wem er geschaffen wurde und wem gegenüber er für sein Verhalten verantwortlich ist. Gott sprach mit ihm von Angesicht zu Angesicht. Ihm war es erlaubt, in Seiner Gegenwart zu stehen und aus Seinem eigenen Mund

Unterweisungen zu empfangen. Er hörte Seine Stimme, wandelte vor Ihm und sah Seine Herrlichkeit, wobei er mit Erkenntnis erfüllt wurde und so die Fähigkeit erlangte, die zahlreichen Werke seines Schöpfers zu benennen.

19. Zweitens haben wir gesehen, dass, obwohl der Mensch das Gebot übertrat, diese Übertretung ihn nicht der vorher gewonnenen Erkenntnis übe die Existenz und die Herrlichkeit seines Schöpfers beraubte; denn kaum hörte er Seine Stimme, als er schon versuchte, sich vor Seiner Gegenwart zu verbergen.

20. Nachdem wir somit als erstes gezeigt haben, dass Gott, unmittelbar nachdem Er ihm den „Lebenshauch in die Nasenlöcher gehaucht" hatte, mit dem Menschen zu reden begann und dass Er selbst nach dem Fall nicht aufhörte, sich diesem kundzutun, wollen wir jetzt fortschreiten und zeigen, dass, obwohl der Mensch aus dem Garten Eden vertrieben worden war, , er seine Kenntnis von der Existenz Gottes nicht verloren hatte, und Gott nicht aufhörte, ihm Seinen Willen kundzutun.

21 Wir wollen jetzt fortschreiten und den Bericht von der unmittelbaren Offenbarung vorstellen, welche der Mensch empfing, nachdem er aus dem Garten Eden vertrieben war. Dabei werden wir weiterhin au de neuen Übersetzung[14] zitieren.

22. Nachdem Adam aus dem Garten Eden vertrieben worden war, fing er an, „die Erde zu bebauen und über alle Tiere des Feldes zu herrschen und sein Brot im Schweiß seiner Stirn zu essen, wie ich, der Herr, es ihm geboten hatte. Und er rief den Namen des Herrn an, und ebenso tat es Eva, seine Frau. [15]" „... und sie vernahmen die Stimme des Herrn vom Garten Eden her, wie Er zu ihnen sprach; und sie sahen Ihn

---

[14] Vgl. Anm. 10
[15] Vgl. Köstliche Perle, Mose 5:1

23

nicht, denn sie waren aus Seiner Gegenwart ausgeschlossen. Und er gab ihnen das Gebot, dass sie den Herrn, ihren Gott, anbeten und die Erstlinge ihrer Herden dem Herrn als Opfer darbringen sollten. Und Adam war dem Gebot des Herrn gehorsam.

23. Und nach vielen Tagen erschien Adam ein Engel des Herrn und sprach: Warum bringst du dem Herrn Opfer dar? Und Adam spracht zu ihn: Ich weiß nicht – außer dass der Herr es mir geboten hat.

24. Und dann sprach der Engel, nämlich: Dies ist ein Sinnbild für das Opfer des Einziggezeugten des Vaters, der voller Gnade und Wahrheit ist. Darum sollst du alles, was du tust, im Namen des Sohnes tun, und du sollst Umkehr üben und Gott im Namen des Sohnes anrufen immerdar. Und an jenem Tag fiel auf Adam der Heilige Geist, der Zeugnis gibt vom Vater und vom Sohn, ...[16]"

25. Dieses letzte Zitat, oder diese Zusammenstellung, zeigt die wichtige Tatsache, dass unsere ersten Eltern, obwohl sie aus dem Garten Eden vertrieben und sogar durch einen Schleier von der Gegenwart Gottes ausgeschlossen waren, ihr Wissen um seine Existenz behalten hatten und dass dieses ausreichend war, sei dazu zu bewegen, Ihn anzurufen, und dass dem Menschen, kaum dass ihm der Plan der Erlösung enthüllt wurde und er angefangen hatte, Gott anzurufen, der Heilige Geist gegeben wurde, der vom Vater und vom Sohn Zeugnis gibt.

26. Moses gibt uns im 4. Kapitel von Genesis[17] ebenfalls einen Bericht über die Übertretung Kains und Rechtschaffenheit Abels und die Offenbarungen Gottes an beide. Er lautet: „Und mit der Zeit begab es sich: Kain brachte dem Herrn von der Frucht des Erdbodens ein Opfer dar. Und

---

[16] Vgl. Mose 5:4-9
[17] Vgl. Anm. 10

auch Abel brachte von den Erstlingen seiner Herde und von ihrem Fett dar. Und der Herr achtete auf Abel und sein Opfer; aber auf Kain und sein Opfer achtete er nicht. Der Satan aber wusste das, und es gefiel ihm wohl. Und Kain ergrimmte sehr, und sein Antlitz senkte sich. Und er Herr sprach zu Kain: Warum bist du ergrimmt? Warum hat sich dein Antlitz gesenkt? Wenn du wohl tust, wirst du angenommen werden; wenn du aber nicht wohl tust, so liegt die Sünde vor der Tür, und der Satan möchte dich haben; und wenn du nicht auf meine Gebote hörst, werde ich dich überantworten, und es soll mit dir geschehen, wie er es möchte. ...[18]"

27. „Und Kain ging auf das Feld, und Kain sprach mit seinem Bruder Abel. Und es begab sich: Als sie auf dem Felde waren, erhob sich Kain gegen seinen Bruder Abel und schlug ihn tot. Und Kain rühmte sich dessen was er getan hatte, nämlich: Ich bin frei; sicherlich fallen nun die Herden meines Bruders in meine Hände.

28. Und der Herr sprach zu Kain: Wo ist dein Bruder Abel? Und er sprach: Ich weiß nicht. Bin ich meines Bruders Hüter? Und der Herr sprach: Was hast du getan? Die Stimme des Blutes deines Bruders schreit vom Erdboden her zu mir! Und nun, verflucht seiest du vom Erdboden hinweg, der seinen Mund aufgetan hat, das Blut deines Bruders von deiner Hand zu empfangen. Wenn du den Erdboden bebaust, soll er dir hinfort seine Kraft nicht geben. Ein Flüchtling und unsteter Wanderer sollst du sein auf Erden.

29. Und Kain sprach zum Herrn: Der Satan hat mich versucht, ja wegen der Herden meines Bruders. Und ich war auch ergrimmt, denn sein Opfer hast du angenommen und meines nicht; meine Strafe ist zu groß, als dass ich sie tagen kann. Siehe, du hast mich heute vom Angesicht des Herrn vertrieben, und vor deinem Angesicht muss ich mich

---

[18] Vgl. Mose 5:19-23

verbergen; und ich werde ein Flüchtling und unsteter Wanderer sein auf Erden. Und es wird sich begeben: Wer mich findet wird mich meiner Übeltaten wegen totschlagen, denn dieses ist vor dem Herrn nicht verborgen. Und ich, der Herr, sprach zu ihm: Wer auch immer dich totschlägt – siebenfach soll Vergeltung an ihm geübt werden. Und ich, der Herr, machte an Kain ein Zeichen, damit niemand ihm umbrächte, der ihn fände.[19]"

30. Die Absicht bei der Anführung dieser Zitate ist es, den Teilnehmern die Art und Weise zu zeigen, wie die Menschheit zuerst mit dem Gedanken an das Vorhandensein eines Gottes bekannt wurde; es geschah durch eine Kundgebung Gottes an den Menschen, und Gott fuhr nach der Übertretung des Menschen fort, sich ihm und seiner Nachkommenschaft kundzutun; und obgleich sie aus Seiner unmittelbaren Gegenwart ausgeschlossen waren, so dass sie nicht Sein Angesicht schauen konnten, konnten sie doch weiterhin Seine Stimme vernehmen.

31. Nachdem Adam auf diese Weise Gott kennen gelernt hatte, vermittelte er die Kenntnis, die er besaß, seinen Nachkommen; und es geschah dadurch, dass der erste Gedanke von der Existenz Gottes an sie herangetragen wurde. Dieser erste Gedanke wiederum legte die Grundlage für die Ausübung ihres Glaubens, wodurch sie eine Kenntnis über Sein Wesen und auch Seine Herrlichkeit erlangen konnten.

32. Nicht nur Adam erhielt eine Kundgebung von der Existenz Gottes, sondern Moses teilt uns mit, wie vorhin zitiert, dass Gott sich sogar herabließ, mit Kain nach dessen großer Übertretung, der Ermordung seines Bruders, zu sprechen, und Kain wusste, dass es der Herr war, der mit ihm sprach, so dass er, als er aus der Gegenwart seiner Brüder vertrieben wurde, das Wissen um die Existenz eines Gottes

---

[19] Vgl. Mose 5.32-40

mit sich nahm, und auf diese Weise wurde zweifellos auch seinen Nachkommen die Tatsache übermittelt, dass es so ein Wesen gab.

33. Hieraus können wir entnehmen, dass dies Wissen in der frühesten Zeit der Menschheitsgeschichte in der ganzen menschlichen Familie mit all ihren Zweigen verbreitet war, so dass die Existenz Gottes in der Frühzeit ein Gegenstand des Glaubens war. Der Hinweis, den diese Menschen auf das Vorhandensein eines Gottes hatten, war in erster Linie das Zeugnis ihrer Väter.

34. Wir haben diesen Teil des Themas so ausführlich dargelegt, um den Teilnehmern deutlich vor Augen zu führen, auf welche Weise Gott nach dem Fall für die Menschen zu einem Gegenstand des Glaubens wurde und wodurch der Glaube Unzähliger angeregt wurde, Ihm nachzuspüren – nach klarerer Erkenntnis Seines Wesens, Seiner Vollkommenheit und Seiner Eigenschaften zu trachten bis sie so umfassend mit Ihm bekannt waren,, dass sie nicht nur mit Ihm reden und Seine Herrlichkeit sehen durften, sondern sogar an Seiner Macht Anteil bekamen und in Seiner Gegenwart stehen konnten.

35. Die Teilnehmer sollten besonders beachten, dass das Zeugnis, das diese Menschen von der Existenz Gottes hatten, zunächst nur ein menschliches Zeugnis war; denn bevor irgendeiner von Adams Nachkommen eine eigene Kundgebung Gottes erhielt, hatte ihnen Adam, ihr gemeinsamer Ahnherr, vom Dasein, der ewigen Macht und der Göttlichkeit Gottes Zeugnis abgelegt.

36. Abel zum Beispiel hatte, bevor er vom Himmel die Gewissheit erhielt, das seine Opfer Gott angenehm waren, von seinem Vater die wichtige Information erhalten, dass es solch ein Wesen gab, das alle Dinge geschaffen hatte und aufrechterhielt. Niemand kann daran zweifeln, dass Adam der erste war, der seinen Nachkommen sein Wissen von der

Existenz Gottes mitteilte und dass aller Glaube in der Welt, von dem Wissen abhängt, das ihnen anfangs von ihrem gemeinsamen Vorfahren überliefert wurde; und es wurde weitergereicht bis zu dem Tag und der Generation, in welcher wir leben, wie wir anhand der heiligen Schriften zeigen wollen.

37. Adam war 130 Jahre alt, als Set geboren wurde (Gen. 5:3). Nach der Geburt Sets lebte Adam noch 800 Jahre, so dass er 930 Jahre alt war, als er starb (Gen. 5:4,5). Set war 105 Jahre alt, als Enosch geboren wurde (Vers 6), Enosch war 90, als Kenan geboren wurde (Vers 9), Kenan war 70, als Mahalalel geboren wurde (Vers 12), Mahalalel war 65 als Jered geboren wurde (Vers 15), Jered war 162, als Henoch geboren wurde (Vers 18), Metuschelach war 187, als Lamech geboren wurde (Vers 25), Lamech war 182, als Noach geboren wurde (Vers 28)

38. Aus diesem Bericht geht hervor, dass Lamech, der Vater Noachs und Adams Nachkomme in neunter Generation, 56 Jahre alt war, als Adam starb; Metuschelach war 243 Jahre alt, Henoch 308, Jered 470, Mahalalel 535, Kenan 605, Enosch 696 und Set 800 Jahre alt.

39. Somit lebten Lamech, der Vater Noachs, Metuschelach, Henoch, Jered, Mahalalel, Kenan, Enosch, Set und Adam gleichzeitig auf der Erde und dürften unzweifelhaft alle Verkünder der Rechtschaffenheit gewesen sein.

40: Moses berichtet uns außerdem, dass Set noch 807 Jahre lebte, nachdem er Enosch gezeugt hatte, so dass er 912 Jahre alt war, als er starb (Gen. 5:7,8); Enosch lebte noch 815 Jahre, nachdem er Kenan gezeugt hatte, und starb somit im Alter von 905 Jahren (Vers 10 und 11). Kenan lebte noch 840 Jahre, nachdem er Mahalalel gezeugt hatte, und starb somit im Alter von 910 Jahren (Vers 13 und 14). Mahalalel lebte noch 830 Jahre, nachdem er Henoch gezeugt hatte, und starb somit im Alter von 962 Jahren (Vers 19 und 20). Henoch „ging seinen Weg mit Gott" noch 300 Jahre, nachdem er Metuschelach gezeugt hatte, so dass er 365 Jahre alt war, als er entrückt wurde (Vers 22 und 23). Metuschelach lebte noch 782 Jahre, nachdem er Lamech gezeugt hatte, und starb somit im alter von 969 Jahren (Vers 26 und 27). Lamech lebte noch 595 Jahre, nachdem er Noach gezeugt hatte, und starb somit im Alter von 777 Jahren (Vers 30 und 32).

41. Diesem Bericht gemäß starb Adam im 930. Jahr des Bestehens dieser Erde, Henoch wurde im 987. Jahr entrückt, Set starb im 1042. Jahr, Enosch im 1140., Kenan im 1235., Mahalalel im 1290., Jered im 1422., Lamech im 1651. und Metuschelach starb im 1656 Jahr, dem Jahr der Sintflut.

42. Somit war Noach 84 Jahre alt, als Enosch starb, 176 Jahre alt, als Kenan starb, 234 Jahre alt, als Mahalalel starb, 366 Jahre alt, als Jered starb, 595 Jahre alt, als Lamech starb, und 600 Jahre alt, als Metuschelach starb.

43. Hieraus können wir sehen, dass Enosch, Kenan, Mahalalel, Jered, Metuschelach, Lamech und Noach zur gleichen Zeit auf der Erde lebten und dass Enosch, Kenan, Mahalalel, Jered, Metuschelach und Lamech sowohl Adam wie Noach persönlich kennen konnten.

44. Aus dem vorher Gesagten kann man leicht ersehen, nicht nur wie die Kenntnis von Gott in die Welt kam, sondern auch auf welche Weise sie erhalten blieb, dass von der Zeit an, in der sie das erste Mal mitgeteilt wurde, sie im Geist der rechtschaffenen Menschen bewahrt wurde, so dass von Adams Erschaffung bis zu Noach keine neue Offenbarung nötig war, um die Menschen überhaupt auf die Vorstellung oder den Begriff von der Existenz eines Gottes zu bringen, und nicht nur irgendeines Gottes, sondern des wahren und lebendigen Gottes.

45. Nachdem wir er Chronologie der Weltgeschichte von Adam bis Noach gefolgt sind, werden wir ihr jetzt von Noach bis Abraham folgen. Noach war 502 Jahre alt, als Sem geboren wurde; 98 Jahre später, im 600. Lebensjahr Noachs kam die Flut. Moses berichtet uns, dass Noach nach der Flut noch 350

Jahre lebte, so dass er 950 Jahre alt war, als er starb (Gen. 9:28,29)

46. Sem war 100 Jahre alt, als Arpachschad geboren wurde (Gen. 11:10), Arpachschad war 35, als Schelach geboren wurde (Vers 12), Schelach war 30, als Eber geboren wurde (Vers 14), Eber war 34, als Peleg geboren wurde, in dessen Tagen die Erde geteilt wurde (Vers 16), Peleg war 30, als Regu geboren wurde (Vers 18), Regu war 32, als Serug geboren wurde (Vers 20), Serug war 30, als Nahor geboren wurde (Vers 22), Nahor war 29, als Terach geboren wurde (Vers 24), Terach war 70, als Abraham und Haran geboren wurden (Vers 26).

47. Es gibt eine Unklarheit im Bericht des Moses über Abrahams Geburt. Einige vermuten, dass Abraham erst geboren wurde, als Terach 130 Jahre alt war. Diese Schlussfolgerung wird aus einer Reihe von Schriftstellen gezogen, die anzuführen in unserem Zusammenhang nicht zweckdienlich ist. Für unsere Schlussfolgerungen ist es belanglos, ob Abraham im 70. oder im 130. Lebensjahr Terachs geboren wurde. Damit sich aber bezüglich unserer Schussfolgrungen für unser Thema bei niemandem ein Zweifel erhebt, wollen wir das spätere Datum für die Geburt Abrahams ansetzen, also das 130. Lebensjahr Terachs. Dieser Rechnung nach betrug dann der Zeitraum von der Sintflut bis zur Geburt Abrahams 352 Jahre.

48. Moses berichtet uns, dass Sem nach der Zeugung Arpachschads noch 500 Jahre lebte, bevor er starb (Gen. 11:11); zusammen mit den hundert Jahren, die er bei Arpachschads Geburt hatte, war er also bei seinem Tode 600 Jahre alt. Arpachschad lebte nach der Zeugung Schelachs noch 403 Jahre (Vers 13), ergibt zusammen mit den 35 Jahren bei der Zeugung Schelachs ein Alter von 438 Jahren, als er starb. Schelach lebte nach der Zeugung Ebers noch 403 Jahre (Vers

15), ergibt zusammen mit den 30 Jahren bei der Zeugung Ebers ein Alter von 433 Jahren, als er starb. Eber lebte nach der Zeugung Pelegs noch 430 Jahre (Vers 17) ergibt zusammen mit den 34 Jahren bei der Zeugung Pelegs ein Alter von 464 Jahren, als er starb. Peleg lebte nach der Zeugung Regus noch 209 Jahre (Vers 19), ergibt zusammen mit den Jahren bei der Zeugung Regus ein Alter von 239 Jahren, als er starb. Regu lebte nach der Zeugung Serugs noch 207 Jahre (Vers 21), ergibt zusammen mit den 32 Jahren bei der Zeugung Serugs ein Alter von 239 Jahren, als er starb. Serug lebte nach der Zeugung Nahors noch 200 Jahre (Vers23), ergibt mit den 30 Jahren bei der Zeugung Nahors ein Alter von 230 Jahren, als er starb. Nahor lebte nach der Zeugung Terachs noch 119 Jahre (Vers 25), ergibt zusammen mit den 29 Jahren bei der Zeugung Terachs ein Alter von 148 Jahren, als er starb. Terach war bei der Zeugung Abrahams 130 Jahre alt, und es wird vermutet, dass er danach noch 75 Jahre lebte, so dass er bis zu seinem Tode ein Alter von 205 Jahren erreicht hätte.

49. Diesem Bericht nach starb Peleg im 1996. Jahr des Bestehens der Erde, Nahor im 1997. Jahr und Noach im 2006. Jahr, so dass Peleg, in dessen Tagen die Erde geteilt wurde, und Nahor, der Großvater Abrahams beide vor Noach starben – der erstere im Alter von 239 Jahren, der letztere im Alter von 148 Jahren; wer kann da nicht einsehen, dass sie eine lange und vertraute Beziehung zu Noach gehabt haben müssen?

50. Regu starb im 2026. Jahr des Bestehens der Erde, Serug im 2049 Jahr, Terach im 2083. Jahr, Arpachschad im 2096. Jahr, Schelach in 2126. Jahr, Sem im 2158. Jahr, Abraham im 2183. Jahr und Eber im 2187. Jahr, welches vier Jahre nach Abrahams Tod war. Und Eber gehörte in die vierte Generation nach Noach.

51. Nahor, Abrahams Bruder, war 58 Jahre alt, als Noach starb, Terach 128, Serug 187, Regu 219, Eber 283, Schelach 313, Arpachschad 344 und Sem 448.

52. Es geht aus diesem Bericht hervor, dass Nahor, der Bruder Abrahams, Terach, Nahor, Serug, Regu, Peleg, Eber, Schelach, Arpachschad, Sem und Noach alle gleichzeitig auf der Erde lebten, ferner das Abraham 18 Jahre alt war, als Regu starb, 41 als Serug und sein Bruder Nahor starben, 75 als Terach starb, 88 als Arpachschad starb, 118 als Schelach starb, 150 als Sem starb, und Eber überlebte Abraham sogar um vier Jahre. Also lebten Sem, Arpachschad, Schelach, Eber, Regu, Serug, Terach, Nahor, der Bruder Abrahams, und Abraham gleichzeitig. Und Nahor, der Bruder Abrahams, Terach, Serug, Regu, Eber , Schelach, Arpachschad und Sem haben alle sowohl Noach wie Abraham persönlich gekannt.

53. Wir haben jetzt anhand des Berichtes unserer Bibel die Chronologie der Weltgeschichte von Adam bis Abraham verfolgt und sind zu dem klaren und unbestreitbaren Ergebnis gelangt, dass es nicht schwer war, die Kenntnis von Gott in der Welt zu bewahren, nachdem Dieser Adam geschaffen und sich seinen unmittelbaren Nachkommen kundgetan hatte, wie wir im ersten Teil dieser Lektion gezeigt haben. Somit braucht kein Teilnehmer den geringsten Zweifel über diese Zusammenhänge heben, denn es ist jetzt leicht einzusehen, das es unmöglich anders gewesen sein kann, als dass das Wissen um die Existenz eines Gottes von Vater zu Sohn, zumindest als Weiterreichen einer Überlieferung, weitergegeben wurde; denn es wäre höchst unwahrscheinlich, dass eine der vorher erwähnten Personen Kenntnis über diese wichtige Tatsache gehabt haben könnte, ohne sie auch ihren Nachkommen mitzuteilen.

54. Wir haben jetzt gezeigt, wie es kam, dass überhaupt der erste Gedanke im Sinn eines Menschen auftauchte, dass es so ein Wesen gebe wie einen Gott, der alle Dinge erschaffen hat und erhält; es geschah aufgrund seiner Kundgebungen an unseren Vater Adam zur Zeit von dessen Erschaffung, als er in

Seiner Gegenwart stand und von Angesicht zu Angesicht mit Ihm redete.

55. Wir wollen hier anmerken, dass, nachdem irgendein Glied der menschlichen Familie von der wichtigen Tatsache erfahren hat, dass es einen Gott gibt, der alle Dinge erschaffen hat und erhält, das Ausmaß seiner Erkenntnis von Gottes Wesen und Herrlichkeit von dem Ausmaß des Eifers und Glaubens abhängen wird, mit der er Gott sucht, bis er wie Henoch, wie der Bruder Jareds oder Moses so viel Glauben an Gott und Macht von Gott erlangt hat, das er Ihn von Angesicht zu Angesicht schauen kann.

56. Wir haben jetzt deutlich gezeigt, wie es kommt und wie es kam, dass Gott zu einem Gegenstand des Glaubens für vernunftbegabte Wesen wurde, ebenfalls auf welcher Grundlage das Zeugnis basierte, das die Heiligen vor alters zu weiterer Nachforschung und eifriger Suche anregte, um selbst nach einer Erkenntnis von der Herrlichkeit Gottes zu trachten und diese zu erlangen; und wir haben gesehen, dass es menschliches Zeugnis, und nur das Zeugnis von Menschen war, das anfänglich ihren Geist zu dieser Nachforschung antrieb. Durch das Vertrauen, das sie in das Zeugnis ihrer Väter setzten, konnte dies Zeugnis sie dazu anregen, selbst nach Erkenntnis Gottes zu trachten. Diese Nachforschung endet oft, ja endet immer, wenn sie auf rechte Weise vorgenommen wird, mit den erhabensten Entdeckungen und einer ewigen Gewissheit.

Fragen und Antworten

Gibt es ein Wesen, welches Glauben an sich selbst, einen unabhängigen Glauben, hat?
Ja

Wer ist es?
Gott.

Wie kann man beweisen, dass Gott Glauben an sich selbst hat, einen Glauben, der völlig unabhängig ist? Das muss so sein, weil er allmächtig, allgegenwärtig und allwissend ist, ohne Anfang der Tage oder ein Ende Seines Lebens, und weil in Ihm alle Fülle wohnt.

Eph.1:23 „welche ist sein Leib, nämlich die Fülle des, der alles in allen erfüllt."[20]

Kol. 1:19: „Denn es gefiel Gott, dass in ihm alle Fülle wohnen sollte."[21]

Vgl. 2:2

Ist Er der Gegenstand, in dem der zu Leben und Erlösung führende Glaube aller anderen vernunftbegabten und verantwortlichen Wesen seinen Mittelpunkt hat?
Ja.

Wie kann man das beweisen?
Jes. 45:22. „Wendet euch zu mir, und lasst euch erretten, ihr Menschen aus en fernsten Ländern der Erde; denn ich bin Gott, und sonst niemand"

Röm. 11:34-36: „Denn wer hat die Gedanken des Herrn erkannt? Oder wer ist sein Ratgeber gewesen; wer hat ihm etwas gegeben, so dass Gott ihm etwas zurückgeben müsste? Denn aus ihm und durch ihn und auf ihn hin ist die ganze Schöpfung. Ihm sei Ehre in Ewigkeit! Amen."

Jes. 40:9-18: „Steig auf einen hohen Berg, Zion, du Botin der Freude (oder: der du Zion freudige Botschaft bringst)!

---

[20] Hier wird nach der Luther-Übersetzung zitiert.
[21] Hier eigene Übersetzung der King-James-Version.

Erhebe deine Stimme mit Macht, Jerusalem, du Botin der Freude (oder: der du Jerusalem freudige Botschaft bringst)! Erhebe deine Stimme, fürchte dich nicht! Sag den Städten in Juda: Seht, da ist euer Gott. Seht, Gott der Herr kommt mit Macht (Oder: gegen den Mächtigen heran), er herrscht mit starkem Arm. Seht, er bringt seinen Siegespreis mit: Alle, die er gewonnen hat, gehen vor ihm her (oder: sein Werk geht vor ihm her). Wie ein Hirt führt er seine Hede zur Weide, er sammelt sie mit starker Hand. Die Lämmer trägt er auf dem Arm, die Mutterschaft führt er behutsam. Wer misst das Meer mit der hohlen Hand? Wer kann mit der ausgespannten Hand den Himmel vermessen? Wer misst den Staub der Erde mit seinem Scheffel? Wer wiegt die Berge mit einer Waage und mit Gewichten die Hügel? Wer bestimmt den Geist des Herrn? Wer kann sein Berater sein und ihn unterrichten? Wen fragt er um Rat, und wer vermittelt ihm Einsicht? Wer kann ihn über die Pfade des Rechts belehren? Wer lehrt ihn das Wissen und zeigt ihm den Weg der Erkenntnis? Seht, die Völker sind wie ein Tropfen am Eimer, sie gelten so viel wie ein Stäubchen auf der Waage. Ganze Inseln wiegen nicht mehr als ein Sandkorn. Der Libanon eicht nicht aus für das Brennholz, sein Wild genügt nicht für die Opfer. Alle Völker sind vor Gott wie ein Nichts; für ihn sind sie wertlos und nichtig. Mit wem wollt ihr Gott vergleichen und welches Bild an seine Stelle setzen?[22]

Jer. 51:15,16 „Er hat die Erde erschaffen durch seine Kraft, der Erdkreis gegründet durch seine Weisheit, durch seine Einsicht den Himmel ausgespannt. Lässt er seine Stimme ertönen, dann rauschen die Wasser am Himmel. Wolken führt er herauf von Rand der Erde; er lasst es blitzen und gegen, aus seinen Kammern entsendet er den Wind."

---

[22] Joseph Smith führt hier Variationen der Übersetzungsmöglichkeit in Klammern an. Die Texte in den Klammern wurden von mir aus dem Englischen übersetzt, sonst wurde der Text der Einheitsübersetzung verwendet.

1. Kor. 8:6 „So haben doch wir nur einen Gott, den Vater. Von ihm stammt alles, und wir leben auf ihn hin. Und einer ist der Herr: Jesus Christus. Durch ihn ist alles, und wir sind durch ihn." (Vgl. 2:2)

Wie erhielt der Mensch zuerst Kenntnis von der Existenz Gottes, so dass er Glauben an Ihn ausüben konnte?

Zur Beantwortung dieser Frage ist es nötig, zurück zu gehen und den Zustand des Menschen bei seiner Erschaffung, die Umstände, in die er gesetzt wurde, und die Erkenntnis, die er damals von Gott hatte, zu untersuchen. Vgl. 2:3-11.

Erstens: Als der Mensch erschaffen war, weilte er in de Gegenwart Gottes (Gen. 1:27,28). Daraus erfahren wir, dass der Mensch bei seiner Erschaffung in der Gegenwart Gottes weilte und somit vollkommene Kenntnis über Seine Existenz besaß.

Zweitens: Gott sprach auch nach seiner Übertretung mit ihm (Gen. 3:8-22) Daraus erfahren wir, dass der Mensch trotz seiner Übertretung seine frühere Erkenntnis vom Dasein Gottes nicht verlor. Vgl. 2:19.

Drittens: Gott redete zum Menschen auch, nachdem er ihn aus dem Garten Eden vertrieben hatte. Vgl. 2:22-25.

Viertens: Gott redete auch mit Kain, nachdem dieser Abel erschlagen hatte (Gen. 4:4-6) Vgl. 2:26-29

Was ist der Zweck der vorhergehenden Zitate?

Sie sollen klar sichtbar machen, wie die Vorstellung von der Existenz Gottes in den Sinn des Menschen kam und wie umfassend verbreitet diese Kenntnis bei den unmittelbaren Nachkommen Adams war. Vgl. 2:30.33

Welchen Beweis hatten die unmittelbaren Nachkommen Adams für die Existenz Gottes?

Das Zeugnis ihres Vaters. Nachdem sie durch das Zeugnis ihres Vaters Kenntnis von Seiner Existenz erhalten hatten, hingen sie von der Ausübung ihres eigenen Glaubens ab, um selbst eine Erkenntnis über Sein Wesen, Seine Eigenschaften und Seine Vollkommenheit zu erlangen. Vgl. 2:23-26

Gab es außer Adam noch irgendein Mitglied der menschlichen Familie, das seine erste Kenntnis über die Existenz Gottes durch ein anderes Mittel erhielt als das Zeugnis von Menschen?

Nein. Denn noch bevor sie die Macht hatten, selbst eine Kundgebung zu empfangen, war ihnen diese überaus wesentliche Tatsache bereits von ihrem gemeinsamen Vorfahren übermittelt worden; und so wurde sie von Vater zu Kind weitergereicht, soweit es Kenntnis über Seine Existenz gab; denn dies war das Mittel, durch welches die Menschen ihre erste Kenntnis von Seiner Existenz erhielten. Vgl. 2:35,36

Woher weiß man, dass in all den verschiedenen Zeitaltern der Weltgeschichte die Kenntnis von der Existenz Gottes in dieser Weise weitergereicht wurde?

Durch die Chronologie, die wir als Offenbarung Gottes erhalten haben.

Wie lässt sich diese Chronologie gliedern, um sie unserem Verständnis klar zu vermitteln?

In zwei Teile – der erste umfasst die Periode von Adam bis Noach, der zweite die von Noach bis Abraham; von dieser Zeit an gibt es keine Kontroverse darüber, wie die Kenntnis von der Existenz Gottes in der Welt bewahrt blieb.

Wie viele bekanntermaßen rechtschaffene Männer lebten von Adam bis Noach?

Neun, einschließlich Abels, der von seinem Bruder erschlagen wurde.

Wie heißen sie?
Abel, Set, Enosch, Kenan, Mahalalel, Jered, Henoch, Metuschelach und Lamech.

Wie alt war Adam, als Set geboren wurde?
130 Jahre (Gen5:3)
Wie viele Jahre lebte Adam noch nach Sets Geburt?
800 Jahre (Gen. 5:5)
Wie alt war Adam, als er starb?
930 Jahre (Gen. 5:5)

Wie alt war Set, als Enosch geboren wurde?
105 Jahre (Gen 5:6)
Wie alt war Enosch, als Kenan geboren wurde?
90 Jahre (Gen. 5: 9)
Wie alt war Kenan, als Mahalalel geboren wurde?
70 Jahre (Gen. 5:12)
Wie alt war Mahalalel, als Jered geboren wurde?
65 Jahre (Gen. 5:16)
Wie alt war Jered, als Henoch geboren wurde?
162 Jahre (Gen. 5:18)
Wie alt war Henoch, als Metuschelach geboren wurde?
65 Jahre (Gen 5:21)
Wie alt war Metuschelach, als Lamech geboren wurde?
187 Jahre (Gen. 5:25)
Wie alt war Lamech, als Noach geboren wurde?
182 Jahre (Gen. 5:28)
Zu dieser Chronologie vergleiche auch 2:37.

Wie viele Jahre umfasste diesem Bericht nach der Zeitraum von Adam bis Noach?
1056 Jahre.

Wie alt war Lamech, als Adam starb?
Lamech, der, Abel eingeschlossen, der neunte von Adam an und der Vater Noachs war, war 56 Jahre alt, als Adam starb.

Wie alt war Metuschelach?	243 Jahre.
Wie alt war Henoch?	308 Jahre.
Wie alt war Jered?	470 Jahre.
Wie alt war Mahalalel?	535 Jahre.
Wie alt war Kenan?	605 Jahre.
Wie alt war Enosch?	695 Jahre.
Wie alt war Set?	800 Jahre.

Zu diesem Teil vgl. 2:38.

Wie viele dieser bekannten Männer lebten gleichzeitig mit Adam?
Neun.

Wie hießen sie?
Abel, Set, Enosch, Kenan, Mahalalel, Jered, Henoch, Metuschelach, Lamech. Vgl. 2:39

Wie lange lebte Set noch nach der Geburt des Enosch?
807 Jahre (Gen. 5:7)

Wie alt war Set, als er starb?
912 Jahre (Gen. 5:8

Wie lange lebte Enosch noch nach der Geburt Kenans?

815 Jahre (Gen. 5:10)

Wie alt war Enosch als er starb?
905 Jahre (Gen. 5:11)

Wie lange lebte Kenan noch nach der Geburt Mahalalels?
840 Jahre (Gen. 5:13)

Wie alt war Kenan als er starb?
910 Jahre (Gen. 5:14)

Wie lange lebte Mahalalel noch nach der Geburt Jereds?
830 Jahre (Gen. 5:16)

Wie alt war Mahalalel, als er starb?
895 Jahre (Gen. 5:17)

Wie lange lebte Jered noch nach der Geburt Henochs?
800 Jahre (Gen. 5:19)

Wie alt war Jered, als er starb?
962 Jahre (Gen. 5:20)

Wie lange „wandelte Henoch mit Gott", nachdem Metuschelach geboren war?
300 Jahre (Gen. 5:22)

Wie alt war Henoch, als er entrückt wurde?
365 Jahre (Gen. 5:23)

Wie lange lebte Metuschelach noch nach der Geburt Lamechs?
782 Jahre (Gen. 5:27)

Wie alt war Metuschelach, als er starb?
969 Jahre (Gen. 5:27)

Wie lange lebte Lamech noch nach der Geburt NOachs?
595 Jahre (Gen. 5:30)

Wie alt war Lamech als er starb?
777 Jahre (Gen. 5:31)
Zu diesem Teil vgl. 2:40

In welchem Jahr des Bestehens der Erde starb Adam?
Im 930.

In welchem Jahr wurde Henoch entrückt?   Im 987.
In welchem Jahr starb Set?   Im 1042.
In welchem Jahr starb Enosch?   Im 1140.
In welchem Jahr starb Kenan?   Im 1235.
In welchem Jahr starb Mahalalel?   Im 1290.
In welchem Jahr starb Jered?   Im 1422.
In welchem Jahr starb Lamech?   Im 1651.
In welchem Jahr starb Metuschelach?   Im 1656.
Zu diesem Teil vgl. 2:41

Wie alt war Noach, als Enosch starb?   84 Jahre.
Wie alt war er, als Kenan starb?   179 Jahre.
Wie alt war er, als Mahalalel starb?   234 Jahre.
Wie alt war er, als Jered starb?   366 Jahre.
Wie alt war er, als Lamech starb?   595 Jahre.
Wie alt war er, als Metuschelach starb?   600 Jahre.
Zu diesem Teil vgl. 2:42

Wie viele dieser Männer lebten als Zeitgenossen Noachs?
Sechs.

Wie hießen sie?
Enosch, Kenan, Mahalalel, Jered, Metuschelach und Lamech. Vgl. 2:43

Wie viele von ihnen waren sowohl Zeitgenossen Noachs wie Adams?
Sechs.

Wie hießen sie?
Enosch, Kenan, Mahalalel, Jered, Metuschelach und Lamech.

Wie hat der menschliche Geist, dem vorhergegangenen Bericht gemäß, zuerst Kenntnis von der Existenz Gottes erlangt?
Durch die Kundgebung, die unser Vater Adam erhielt, als er noch in der Gegenwart Gottes weilte, vor und während seines Aufenthaltes in Eden. Vgl. 2.44

Wie wurde die Kenntnis von der Existenz Gottes unter den Erdenbewohnern bewahrt?
Durch Überlieferung von Vater zu Sohn. Vgl. 2:44

Wie alt war Noach, als Sem geboren wurde?
502 Jahre (Gen. 5:32)
Wie viele Jahre vergingen von der Geburt Sems bis zur Sintflut?   98 Jahre
Wie lange lebte Noach noch nach der Sintflut?
350 Jahre (Gen. 9:28)
Wie alt war Noach, als er starb?
950 Jahre (Gen. 9:29)
Vgl. 2:45

Wie alt war Sem, als Arpachschad geboren wurde?
100 Jahre (Gen. 11:10)
Wie alt war Arpachschad, als Schelach geboren wurde?
35 Jahre (Gen. 11:12
Wie alt war Schelach, als Eber geboren wurde?
30 Jahre (Gen. 11:16)
Wie alt war Eber, als Peleg geboren wurde?
34 Jahre (Gen. 11:14)
Wie alt war Peleg, als Regu geboren wurde?
30 Jahre (Gen. 11:18)
Wie alt war Regu als Serug geboren wurde?
32 Jahre (Gen. 11:20)
Wie alt war Serug, als Nahor geboren wurde?
30 Jahre (Gen. 11:22)
Wie alt war Nahor, als Terach geboren wurde?
29 Jahre (Gen. 11:24)
Wie alt war Terach, als Nahor (der Bruder Abrahams) geboren wurde? 27 Jahre (Gen. 11:26)
Wie alt war Terach, als Abraham geboren wurde?
Darüber gehen die Meinungen auseinander. Einige sagen 130 Jahre, andere entscheiden sich für 70 Jahre. (Gen. 11:26) Vgl. 2:46

Wie viele Jahre vergingen von der Sintflut bis zur Geburt Abrahams?
Wenn man davon ausgeht, dass Abraham geboren wurde, als Terach 130 Jahre alt war, waren es 352 Jahre; wenn er aber geboren wurde, als Terach 70 Jahre alt war, waren es 292 Jahre. Vgl. 2:47

Wie lange lebte Sem noch nach Arpachschads Geburt?
500 Jahre (Gen. 11:11)a
Wie alt war Sem, als er starb?
600 Jahre (Gen. 11:11)

Wie lange lebte Arpachschad noch nach Schelachs Geburt? 403 Jahre (Gen. 11:13)

Wie alt war Arpachschad, als er starb?

438 Jahre

Wie lange lebte Schelach noch nach Ebers Geburt?

403 Jahre (Gen. 11:15)

Wie alt war Schelach, als er starb?

433 Jahre.

Wie lange lebte Eber noch nach Pelegs Geburt?

430 Jahre (Gen. 11:17)

Wie alt war Schelach, als er starb?

464 Jahre.

Wie lange lebte Peleg noch nach Regus Geburt?

209 Jahre (Gen. 11:19)

Wie alt war Peleg, als er starb?

239 Jahre.

Wie lange lebte Regu noch nach Serugs Geburt?

107 Jahre (Gen. 11:21)

Wie alt war Regu, als er starb?

239 Jahre

Wie lange lebte Serug noch nach Nahors Geburt?

200 Jahre (Gen. 11:23)

Wie alt war Serug, als er starb?

230 Jahre

Wie lange lebte Nahor noch nach Terachs Geburt?

119 Jahre (Gen. 11:25)

Wie alt war Nahor, als er starb?

148 Jahre

Wie lange lebte Terach noch nach Abrahams Geburt?

Wenn er bei Abrahams Geburt, 130 Jahre alt war, lebte er noch 75 Jahre; wenn er aber 70 Jahre alt war, lebte er noch 135 Jahre.

Wie alt war Terach, als er starb?

205 Jahre (Gen. 11:32)

Zum Zeitraum von der Geburt Arpachschads bis zum Tode Terachs. Vgl. 2:48.

In welchem Jahr des Bestehens der Erde starb Peleg?
Nach der gegebenen Chronologie starb er im 1996. Jahr.

In welchem Jahr starb Nahor?   Im 1997.
In welchem Jahr starb Noach?   Im 2006.
In welchem Jahr starb Regu?   Im 2026.
In welchem Jahr starb Serug?   Im 2049.
In welchem Jahr starb Terach?   Im 2083.
In welchem Jahr starb Arpachschad?   Im 2096.
In welchem Jahr starb Schelach?   Im 2126.
In welchem Jahr starb Abraham?   Im 2183.
In welchem Jahr starb Eber?   Im 2187.
Zu diesem Abschnitt vgl. 2:49,50

Wie alt war Nahor, Abrahams Bruder, als Noach starb?
                                      58 Jahre.
Wie alt war Terach?   85 Jahre.
Wie alt war Serug?   128 Jahre.
Wie alt war Regu?   219 Jahre.
Wie alt war Eber?   283 Jahre.
Wie alt war Schelach?   313 Jahre.
Wie alt war Arpachschad?   348 Jahre.
Wie alt war Sem?   448 Jahre.
Zu diesem Abschnitt vgl. 2:51

Wie alt war Abraham, als Regu starb?
18 Jahre, sofern er geboren wurde, als Terach 130 Jahre alt war.
Wie alt war er, als Serug und Nahor (Abrahams Bruder) starben?   41 Jahre.

Wie alt war er, als Terach starb?	75 Jahre.
Wie alt war er, als Arpachschad starb?	88 Jahre.
Wie alt war er, als Schelach starb?	118 Jahre.
Wie alt war er, als Sem starb?	150 Jahre.

Zu diesem Abschnitt vgl. 2:52.

Wie viele bekannte Personen lebten von Noach bis Abraham?
Zehn.

Wie hießen sie?
Sem, Arpachschad, Schelach, Eber, Peleg, Regu, Serug, Nahor, Terach und Nahor (Abrahams Bruder). Vgl. 2:52

Wie viele davon lebten gleichzeitig mit Noach?
Alle.

Wie viele davon lebten gleichzeitig mit Abraham?
Acht.

Wie hießen sie?
Nahor (Abrahams Bruder), Terach, Serug, Regu, Eber, Schelach, Arpachschad und Sem. Vgl. 2:52

Starb jemand von ihnen vor Noach?
Ja.

Wer?
Peleg, in dessen Tagen die Erde geteilt wurde, und Nahor, Abrahams Großvater. Vg. 2:49.

Überlebte einer von ihnen Abraham?
Ja, aber nur einer. Vgl. 2:50

Wer?

Eber, der vierte nach Noach.

In wessen Tagen wurde die Erde geteilt?

In den Tagen Pelegs.

Wo finden wir den Bericht darüber, dass die Erde in den Tagen Pelegs geteilt wurde?

In Gen. 10:25

Wie lautet der entsprechende Satz?

„Dem Eber wurden zwei Söhne geboren; der eine hieß Peleg (Teilung), denn zu seiner Zeit wurde das Land geteilt,..."

Welches anfängliche Zeugnis haben die Menschen dafür, dass es einen Gott gibt?

Das Zeugnis von anderen Menschen, und nur das Zeugnis von Menschen. Vgl. 2:56

Was regte die Heiligen vor alters dazu an, selbst nach einer Erkenntnis von der Herrlichkeit Gottes, Seinem Wesen und Seiner Vollkommenheit zu streben?

Das Vertrauen, das sie in das Zeugnis ihrer Väter setzten. Vgl. 2:56.

Wie können Menschen selbst Erkenntnis von der Herrlichkeit Gottes, von Seinem Wesen und Seiner Vollkommenheit erlangen?

Dadurch, dass sie sich Seinem Dienst weihen und durch unablässiges Gebet und demütiges Bitten ihren Glauben an ihn stärken, bis sie wie Henoch, wie der Bruder Jareds und Moses selbst Kundgebungen Gottes erhalten. Vgl. 2:55.

Ist das Wissen um die Existenz Gottes nur eine Angelegenheit reiner Überlieferung, die sich allein auf menschliches Zeugnis gründet, bevor die Menschen selbst eine Kundgebung Gottes empfangen?
Ja.

Wie kann man das beweisen?
Durch den Inhalt der ersten und zweiten Sitzung.

DRITTE SITZUNG

1. In der zweiten Sitzung wurde gezeigt, wie die Kenntnis von der Existenz Gottes in die Welt kam und auf welche Weise der erste Gedanke dem Menschen in den Sinn gegeben wurde, dass es solch ein Wesen tatsächlich gibt. Durch dies Wissen um Seine Existenz war eine Grundlage dafür gelegt, dass man Glauben am Ihn ausüben konnte, als dem einzigen Wesen, das im Mittelpunkt eines Glaubens, der zu Leben und Erlösung führt[23], stehen kann. Denn im Mittelpunkt unseres Glaubens kann nicht ein Wesen stehen, von dessen Vorhandensein wir keine Ahnung haben; der Gedanke von Seiner Existenz ist Zunächst einmal unerlässlich, um überhaupt Glauben an Ihn haben zu können. Röm. 10:143 „Wie sollen sie nun den anrufen, an den sie nicht glauben? Wie sollen sie an den glauben, von dem sie nichts gehört haben? Wie sollen sie hören, wenn niemand verkündigt?! So entsteht also Glaube dadurch, dass man das Wort Gottes hört.

2. Wir wollen hier anmerken, dass drei Dinge notwendig sind, damit ein vernunftbegabtes und intelligentes Wesen Glauben an Gott, der zu Leben und Erlösung führt, ausüben kann.

3. Erstens: der Gedanke, dass es ihn überhaupt gibt.

4. Zweitens: eine zutreffende Vorstellung von Seinem Wesen, Seinen Eigenschaften und Seiner Vollkommenheit.

5. Drittens: ein gegenwärtiges Wissen darüber, dass die eigene Lebensführung mit Seinem Willen im Einklang ist. Denn ohne diese drei wichtigen Tatsachen zu kennen, muss der Glaube jeden vernunftbegabten Wesens unvollkommen und ergebnislos bleiben; doch mit diesem Verständnis kann er vollkommen werden und Frucht bringen und

---

[23] Dies ist bei Joseph Smith offenbar ein fester Terminus. Er lautet im Englischen: „to exercise faith in god unto life and salvation". Wörtlich: Glauben an Gott zum Leben und zur Erlösung ausüben.

Rechtschaffenheit in reichstem Maße bewirken zum Lob und zur Verherrlichung Gottes, des Vaters, und des Herrn Jesus Christus.

6. Nachdem wir jetzt mit dem Weg vertraut gemacht worden sind, wie der Gedanke an Seine Existenz in die Welt kam, sowie mit der Tatsache, dass er existiert, wollen wir jetzt damit fortfahren, Sein Wesen, Seine Eigenschaften und Seine Vollkommenheit zu untersuchen, damit die Kursteilnehmer stehen können, dass es nicht nur wohlbegründet ist, wenn sie ihren Glauben für Leben und Erlösung auf Gott richten, sondern dass alle Welt, so weit die Vorstellung von Seiner Existenz reicht, Gründe hat, ihren Glauben auf Ihn, den Vater allen Lebens, zu richten.

7. Ebenso, wie wir den Gedanken von Seiner Existenz in erster Linie einer Selbstoffenbarung Gottes an seine Geschöpfe zu verdanken haben, verdanken wir auch zutreffendes Verständnis Seines Wesens, Seiner Eigenschaften und Seiner Vollkommenheit den Offenbarungen, die ER uns gegeben hat; denn ohne die Offenbarungen, die Er uns gegeben hat, könnte kein Mensch etwas über Gott herausfinden, auch wenn er danach suchte. Vgl. Ijob 11:7-9 und 1. Kor. 2:9-11 „Nein, wir verkündigen, wie es in der Schrift heißt, was kein Auge gesehen und kein Ohr gehört hat, was keinem Menschen in den Sinn gekommen ist: das Große, das Gott denen bereitet hat, die ihn lieben. Denn uns hat es Gott enthüllt durch den Geist. Der Geist ergründet nämlich alles, auch die Tiefen Gottes. wer von den Menschen kennt den Menschen, wenn nicht der Geist des Menschen, der in ihm ist? So erkennt auch keiner Gott – nur der Geist Gottes"

8. Nachdem wir dies gesagt haben, wollen wir fortfahren, das Wesen Gottes zu untersuchen, wie es uns die Offenbarungen vorstellen.

9. Moses berichtet in ex. 34:6 folgendes: "Der Herr ging an ihm vorüber und rief: Jahwe ist ein barmherziger und gnädiger

Gott, langmütig, reich an Huld und Treue". Ps. 103:6-68 „Der Herr vollbringt Taten des Heiles, Recht verschafft er allen Bedrängten. Er hat Mose seine Wege kundgetan, den Kindern Israel seine Werke. Der Her ist barmherzig und gnädig, langmütig und reich an Güte." Ps. 103:18,18 „Doch die Huld des Herrn währt immer und ewig für alle die ihn fürchten und ehren sein heil erfahren noch Kinder und Enkel; alle die seinem Bund bewahren, an seine Gebote denken und danach handeln." Ps. 90:2 „Ehe die Berge geboren wurden, die Erde entstand und das Weltall, bist du, o Gott, von Ewigkeit zu Ewigkeit". Herb. 1:10-12 „Du, Herr hast vorzeiten der Erde Grund gelegt, die Himmel sind das Werk deiner Hände. Sie werden vergehen, du aber bleibst; sei alle veralten wie ein Gewand; du rollst sie zusammen wie einen Mantel, und wie ein Gewand werden sie gewechselt. Du aber bleibst, der du bist, und deine Jahre enden nie. Jak. 1:17 „jede gute Gabe und jedes vollkommene Geschenk kommt von oben, vom Vater der Gestirne, bei dem es keine Veränderung und keine Verfinsterung gibt." Mal. 3:6 „Ich, der Herr, habe mich nicht geändert, und ihr habt nicht aufgehört, Söhne Jakobs zu sein."[24]

10. LuB 3:2 „Denn Gott wandelt nicht auf krummen Pfaden und er wendet sich weder nach rechts noch nach links, auch weicht er nicht von dem ab, was er gesagt hat; darum sind seine Pfade gerade und seine Bahn ist dieselbe ewige Runde."[25] LuB 35:1 „Hört der Stimme des Herrn zu, eures Gottes, nämlich Alpha und Omega, der Anfang und das Ende,

---

[24] Hier habe ich den Text in der Fassung der Einheitsübersetzung wiedergegeben. Diese entspricht aber der King-James-Fassung nicht sehr gut. Eine Übersetzung aus der King-James-Fassung müsste lauten: „Ich, der Herr, ändere mich nicht; daher seid ihr, Söhne Jakobs, nicht vernichtet."

[25] Im Original steht hier noch der alte Titel: „Buch der Gebote".

dessen Bahn dieselbe ewige Runde ist, derselbe heute wie gestern und für immer."

11. Num. 23: 19 „Gott ist kein Mensch, der lügt, kein Menschenkind, das etwas bereut, ...". 1. Joh. 4:8 „Wer nicht liebt, hat Gott nicht erkannt; denn Gott ist die Liebe." Apg. 10:34,35 „Da begann Petrus zu reden und sagte: Wahrhaftig, jetzt begreife ich, dass Gott nicht auf die Person sieht, sondern dass ihm in jedem Volk willkommen ist, wer ihn fürchtet und tut, was recht ist."

12. Aus den hier angeführten Zeugnissen lernen wir folgendes bezüglich Gottes Wesens:

13. Erstens: Er war schon Gott, bevor die Welt geschaffen wurde, und blieb derselbe Gott, nachdem sie geschaffen war.

14. Zweitens: Er ist barmherzig und gnädig, geduldig und voller Güte, und so war Er von Ewigkeit her und wird in Ewigkeit so bleiben.

15. Drittens: Er ändert sich nicht, noch gibt es bei Ihm Schwankungen, sondern Er ist derselbe von Ewigkeit zu Ewigkeit, derselbe gestern, heute und immerdar, und Seine Bahn ist eine ewige Runde ohne Abweichungen.

16. Viertens: Er ist ein Gott der Wahrheit und kann nicht lügen.

17. Fünftens: Er ist kein Anseher der Person: sondern aus jedem Volk ist ihm willkommen, der Gott fürchtet und tut, was recht ist.

18. Sechstens: Er ist die Liebe.

19. Eine Kenntnis, dass diese Eigenschaften zum göttlichen Wesen gehören, ist unerlässlich, damit der Glaube irgendeines vernunftbegabten Wesens, der zu Leben und Erlösung führen soll, in Ihm seinen Mittelpunkt finden kann. Denn wenn sie nicht zunächst einmal glauben würden, dass Er Gott ist, d.h. der Schöpfer und Erhalter aller Dinge, so könnte Er nicht Mittelpunkt eines Glaubens stehen, der zu Leben und

Erlösung führen soll, da dann ja zu befürchten wäre, dass es noch einen Größeren geben könnte als Ihn, der Seine Pläne zunichtemachen könnte, dass es sich, wie bei den Göttern der Heiden, herausstellen könnte, dass Er nicht in der Lage ist, Seine Verheißungen zu erfüllen. Doch wenn sie einsehen, dass er der Gott über alle Dinge ist, bleibend von Ewigkeit zu Ewigkeit, der Schöpfer und Erhalter wirklich aller Dinge, brauchte es bei denen, die ihr Vertrauen auf Ihn setzten, keine Sorge in dieser Hinsicht zu geben, so dass hierin ihr Glaube ohne Schwankungen sein kann.

20. Aber es ist darüber hinaus genauso unerlässlich, dass Er barmherzig und gnädig, langsam zum Zorn, geduldig und voller Güte ist. Denn die menschliche Natur ist so schwach und die Gebrechlichkeit und Unvollkommenheit des Menschen so groß, dass ohne Glauben daran, dass diese vorzüglichen Eigenschaften zum göttlichen wesen gehören, der notwendige Glauben en eine Erlösung keinen Bestand haben könnte. In diesem Fall würde Zweifel den Platz des Glaubens einnehmen, denn gerade diejenigen, die um ihre Schwäche und Anfälligkeit für die Sünde wissen, würden dann ständig an ihrer Erlösung zweifeln, wenn diese Hoffnung nicht in ihrer Vorstellung von der überragenden Größe des Wesens Gottes begründet wäre; darin, dass Er langsam zum Zorn, geduldig und zur Vergebung bereit ist und tatsächlich Ungerechtigkeit, Übertretung und Sünde vergibt. Wenn unsere Vorstellung von Gott diesen Tatbestand einschließt, vertreibt sie die Zweifel und macht den Glauben außerordentlich stark.

21. Doch genauso notwendig, wie die Vorstellung, dass Er gnädig und geduldig ist, ist die, dass Er ein Gott ist, der sich nicht ändert, wenn man seinen Glauben auf Ihn richten soll; denn ohne den Gedanken, das Unveränderlichkeit zum Wesen Gottes gehört, könnte Zweifel sich an die Stelle des Glaubens setzen. Erst mit dem Gedanken, dass Er sich nicht ändert, kann der Glaube sich mit unerschütterlicher Zuversicht auf die

Größe Seines Wesens stützen, im Vertrauen darauf, dass Er derselbe ist gestern, heute und immerdar und dass Seine Bahn eine ewige Runde ist.

22. Und wiederum ist der Gedanke, dass Er ein Gott der Wahrheit ist und nicht lügen kann, genauso notwendig, um Glauben an Ihn auszuüben, wie der Gedanke Seiner Unveränderlichkeit. Denn ohne den Gedanken, dass Er ein Gott der Wahrheit ist und nicht lügen kann, könnte man nicht das Vertrauen in Sein Wort setzen, das nötig ist, um an Ihn zu glauben. Doch wenn man die Vorstellung von Ihm hat, dass Er nicht wie der Mensch ist, dass Er nicht lügen kann, so gibt sie dem Menschen Kraft, Glauben an Ihn zu haben.

23. Aber es ist auch notwendig, dass der Mensch die Vorstellung hat, das Gott kein Anseher der Person ist. Denn wenn er alle anderen Qualitäten Seines Wesens als gegeben annehmen würde, nur diese eine nicht, könnte er seinen Glauben nicht auf Ihn Richten. Denn wenn Gott einen Unterschied zwischen den Personen machen würde., so wüsste niemand genau, was ihm nun freisteht und was nicht, wie weit er sich auf Gott verlassen dürfte oder ob er sich überhaupt auf Ihn verlassen dürfte; alles müsste in Verwirrung geraten. Doch sobald die Menschen mit der Wahrheit über diesen Punkt vertraut sind, nämlich dass Er kein Anseher der Person ist, können sie einsehen, dass sie ermächtigt worden sind, durch ihren Glauben ewiges Leben zu erwerben, und dass jeder Mensch aus jedem Volk das gleiche Anrecht hat, weil Gott kein Anseher der Person ist.

24. Die letzte, aber nicht weniger wichtige Vorstellung, die wir brauchen, um unseren Glauben auf Gott zu richten, ist die, dass Er die Liebe ist. Denn wenn wir auch alle anderen Vorzüge in Seinem Wesen annähmen, so könnten sie doch ohne diesen einen keine so machtvolle Herrschaft über den Geist des Menschen gewinnen. Aber wenn der Gedanke im Geist des

Menschen Wurzeln schlägt, dass Er die Liebe ist, wer kann da nicht erkennen, wie zuverlässigen Grund dann jeder Mensch aus jeder Sippe, jedem Volk und jeder Sprachgemeinschaft hat, seinen Glauben auf Gott zu eichten, um ewiges Lebens zu erlangen?

25. Aus der gegebenen Beschreibung des Wesens der Gottheit, die dem Menschen durch Offenbarung gegeben wurde, haben alle eine sichere Grundlage, um Glauben an Ihn auszuüben, in jedem Volk, jeder Nation, jeder Herkunft, jedem Zeitalter und jeder Generation.

26. Wir wollen hier erwähnen, dass die vorhergehende Wesensbeschreibung, wie Gott sie durch Offenbarung den heiligen früherer Zeiten gegeben hat, mit der Wesensbeschreibung übereinstimmt, die Er in seinen Offenbarungen an die Heiligend er letzten Tage gegeben hat, so dass die Heiligen früherer Zeiten und die Heiligen der letzten Tage in dieser Hinsicht gleichgestellt sind. Die Heiligen der letzten Tage haben genauso gute Gründe, Glauben an Gott auszuüben, wie die Heiligen früherer Zeiten, weil beiden der gleiche Einblick in Sein Wesen gegeben wurde.

Fragen und Antworten

Was wurde in der zweiten Sitzung gezeigt?
Es wurde gezeigt, wie die Kenntnis von der Existenz Gottes in die Welt kam.

Was ist die Wirkung, die der Gedanke von Seiner Existenz auf die Menschen hat?
Er legt die Grundlage dafür, dass sie Glauben an ihn ausüben können.

Ist zuerst einmal der Gedanke von Seiner Existenz notwendig, um Glauben an ihn auszuüben?
Ja.

Wie kann man das beweisen?
Durch den Römerbrief, Kapitel 10 Vers 14. Vgl. 3:1.

Wie viele Dinge über die Gottheit und unsere Beziehung zu ihr sind für uns zu verstehen nötig, um d e n Glauben an Gott ausüben zu können, der zu Leben und Erlösung führt?
Drei.

Was sind diese Dinge?
Erstens müssen wir verstehen, dass es Gott tatsächlich gibt. Zweitens brauchen wir zutreffende Vorstellungen von Seinem Wesen, Seinen Eigenschaften und Seiner Vollkommenheit. Drittens müssen wir wissen, dass unsere Lebensführung mit Seinen Absichten und Seinem Willen in Einklang ist. Vgl. 3:3,4,5

Würde jemand in der Lage sein, diesen Glauben an Gott auszuüben, wenn er nur um ein oder zwei der genannten Tatbestände weiß oder darüber eine Vorstellung hat?
Nein, denn ohne eine Vorstellung, die alle drei Elemente umfasst, würde jeder Glaube unvollkommen und fruchtlos bleiben. VG. 3:5

Würde eine Vorstellung, die alle drei Elemente umfasst, eine sichere Grundlage dafür legen, dass man d e n Glauben an Gott ausüben kann, der zu Leben und Erlösung führt?
Ja, denn durch die Vorstellung dieser drei Dinge kann der Glaube vollkommen werden und Frucht bringen und Rechtschaffenheit in reichstem Maß bewirken zum Lob und zur Verherrlichung Gottes. VG. 3:5

Wie werden wir mit den oben erwähnten Dingen bezüglich der Gottheit und bezüglich unser selbst bekannt gemacht?
Durch Offenbarung. Vgl. 3:6

Könnte man diese Dinge auch auf andere Weise als durch Offenbarung herausfinden?
Nein.

Wie kann man das beweisen?
Durch die Schriftstellen Ijob 11:7-9 und 1. Kor. 2:9-11. Vgl. 3:7

Was erfahren wir aus den Offenbarungen über das Wesen Gottes?
Wir erfahren, die sechs folgenden Tatbestände: erstens – dass Er Gott war, bevor die Welt geschaffen wurde, und derselbe Gott bleib, nachdem sie geschaffen war; zweitens – dass Er barmherzig und gnädig ist, geduldig und voller Güte, und dass er so von Ewigkeit her war und in alle Ewigkeit so bleiben wird; drittens – dass Er sich nicht verändert und dass es bei Ihm keine Schwankungen gibt und dass Seine Bahn eine ewige Runde ist; viertens – dass Er ein Gott der Wahrheit ist und nicht lügen kann; fünftens – dass Er kein Anseher der Person ist; und sechstens – dass Er die Liebe ist. Vgl. 3:12-18

Wo finden wir die Offenbarungen, die uns diese Vorstellung vom Wesen der Gottheit vermitteln?
In der Bibel und in „Lehren und Bündnisse"[26]. Beide werden in der dritten Lektion zitiert. Vgl. 3:9-11.

---

[26] Vgl. Anm. 24.

Welche Wirkungen müsste es auf ein vernunftbegabtes Wesen haben, wenn es nicht die Vorstellung hat, dass der Herr Gott ist, der Schöpfer und Erhalter aller Dinge? Es würde daran gehindert, den Glauben an ihn auszuüben, der zu Leben und Erlösung führt.

Warum würde es gehindert sein, diesen Glauben an Gott auszuüben?

Weil es wäre wie ein Heide und sich nicht sicher wäre, ob es nicht ein größeres und mächtigeres Wesen geben könnte als Ihn, das Ihn daran hindern könnte, Seine Verheißungen zu erfüllen.

Verhindert die genannte Vorstellung diesen Zweifel?

Ja, denn wenn jemand die genannte Vorstellung hat, befähigt sie ihn, ohne Belastung durch diesen Zweifel Glauben auszuüben. Vgl. 3:19

Ist es nicht auch notwendig, die Vorstellung zu haben, dass Gott geduldig und gnädig, langmütig und voller Güte ist? Ja. Vgl. 3:20

Warum ist das notwendig?

Wegen der Schwäche und Unvollkommenheit der menschlichen Natur und der großen Gebrechlichkeit des Menschen. Denn die Schwäche und Gebrechlichkeit ist derart, dass er ständig anfällig für Sünde ist, und wenn Gott nicht langmütig, voller Mitgefühl, gnädig, barmherzig und bereit zur Vergebung wäre, wäre der Mensch von Ihm völlig abgeschnitten. Als Folge davon würde er sich in einem Zustand ständigen Zweifels befinden und könnte keinen Glauben ausüben; denn wo Zweifel herrscht, hat der Glaube keine Macht. Aber wenn der Mensch glaubt, dass Gott voller Mitgefühl und Vergebung ist, langmütig und langsam zum

Zorn, kann er Glauben in Ihn setzten und den Zweifel überwinden, so dass er außerordentlich stark wird. Vgl. 3:20.

Ist es nicht ebenso notwendig, dass der Mensch die Vorstellung hat, dass Gott sich nicht ändert und keinen Schwankungen unterworfen ist, damit er den Glauben an Ihn ausüben kann, der zu Leben und Erlösung führt? Ja, denn ohnedem könnte er ja nicht wissen, wie leicht sich die Barmherzigkeit Gottes in Grausamkeit verwandeln könnte, Seine Langmut in Übereilung, Seine Liebe in Hass; und als Folge dieses Zweifels wäre der Mensch nicht fähig, Glauben auf Ihn zu setzen. Aber wenn er die Vorstellung hat, dass Gott unveränderlich ist, kann er fortwährenden Glauben an Ihn ausüben und glauben, dass Er derselbe ist, der Er gestern schon war und für immer sein wird. Vgl. 3:21.

Ist es nicht auch notwendig, dass der Mensch die Vorstellung hat, das Gott ein vollkommen wahrhaftiges Wesen ist, bevor er Glauben an Ihn ausüben kann?
Ja, denn wenn man diese Vorstellung nichts hätte, könnte man sich auf Sein Wort nicht verlassen , und wenn man nicht in der Lage wäre, sich auf Sein Wort zu verlassen, könnte man keinen Glauben an Ihn üben. Aber wenn man glaubt, dass Er ein Gott der Wahrheit ist und Sein Wort nicht zunichtewerden kann, kann der Glaube an Ihn ohne Zweifel bestehen. Vgl. 3:22

Könnte ein Mensch den Glauben haben, durch Gott ewiges Lebens zu erlangen, wenn er nicht glaubte, dass Gott kein Anseher der Person ist?
Nein, denn ohne diese Vorstellung könnte er nicht sicher wissen, ob e dazu berechtigt ist. Als Folge dieses Zweifels könnte sein Glaube nicht stark genug werden, um ihn zu retten. Vgl. 3:23

Wäre es einem Menschen möglich, solchen Glauben an Gott auszuüben, dass er gerettet wird, ohne die Vorstellung zu haben, dass Gott die Liebe ist?

Nein; denn der Mensch könnte Gott nicht lieben, wenn er nicht die Vorstellung hätte, dass Gott selbst die Liebe ist; und wenn er Gott nicht liebt, kann er auch nicht diesen Glauben an Ihn haben. Vgl. 3:24

Welchen Zweck hat die Beschreibung, die die Verfasser heiliger Schriften vom Wesen Gottes gegeben haben?

Sie zielt darauf ab, eine Grundlage zu legen, damit Glaube an Ihn ausgeübt werden kann, so weit die Kenntnis hiervon verbreitet wird, bei allen Menschen, Zungen, Sprachen, Stämmen und Völkern, von Epoche zu Epoche und von Generation zu Generation. Vgl. 3:25.

Ist das Charakterbild, das Gott von sich selbst gegeben hat, gleich bleibend?

Ja, es bleibt in allen Seinen Offenbarungen gleich, ob sie an die Heiligen früherer Tage oder an die Heiligen der letzen Tage gerichtet sind, so dass sie alle befugt sind, Glauben an Ihn auszuüben und zu erwarten, dass sie sich durch die Ausübung ihres Glaubens der gleichen Segnungen erfreuen können.

VIERTE SITZUNG

1. In der dritten Lektion haben wir gezeigt, dass zutreffende Vorstellungen vom Wesen Gottes notwendig sind, um d e n Glauben an ihn auszuüben, der zu Leben und Erlösung führt, oder dass der Mensch ohne zutreffende Vorstellungen über das Wesen Gottes nicht die Geistesstärke aufbringen kann, um den Glauben an Gott zu haben, der nötig ist, damit man sich ewigen Lebens erfreuen kann. Also legen zutreffende Vorstellungen über Sein Wesen die Grundlage dafür, Glauben an Ihn zu haben – soweit diese von Seinem Wesen abhängig ist – um sich so der vollen Segnungen des Evangeliums Jesu Christi erfreuen zu können, ja selbst der ewigen Herrlichkeit. Jetzt werden wir fortfahren und zeigen, welcher Zusammenhang zwischen zutreffenden Vorstellungen über die Wesenszüge Gottes und dem Vertrauen zu Ihm bestehet, das uns zu ewigem Leben führt.

2. Wir wollen hier festhalten, dass die eigentliche Absicht, der der Gott des Himmels vor Augen hatte, als Er der Menschenfamilie Seine Eigenschaften offenbarte, die war, sie durch die Vorstellung von der Existenz solcher Eigenschaften zu befähigen, Glauben an Ihn auszuüben und durch die Ausübung ihres Glaubens an Ihn ewiges Leben zu erlangen. Denn ohne einen Begriff von den Eigenschaften, die zum Wesen Gottes gehören, hätte das Gemüt des Menschen nicht die Kraft, den Glauben an Ihn auszuüben, durch den er ewiges Leben erlangen kann. Der Gott es Himmels, der in vollkommener Weise die Verfassung der menschlichen Natur und ihre Schwäche versteht, wusste, was zu offenbaren nötig war, um die Menschen überhaupt erst in die Lage zu versetzen, den Glauben an Ihn ausüben zu können, der zu ewigem Leben führt.

3. Nachdem dies gesagt ist, wollen wir damit fortfahren, die Wesenszüge Gottes zu untersuchen, sie sie in Seinen Offenbarungen an die Menschheitsfamilie dargelegt werden, und aufzuzeigen, wie notwendig zutreffende Vorstellungen von Seinen Wesenszügen sind, um den Menschen zu befähigen, Ihm zu vertrauen; denn wenn diese Vorstellungen nicht in den Geist des Menschen gepflanzt würden, hätte kein einzelner und keine Gruppe von Menschen die Kraft, den Glauben an Ihn auszuüben, wodurch ewiges Leben erlangt wird. Die göttlichen Mitteilungen an die Menschen waren somit in erster Linie dazu bestimmt, die Vorstellungen in den Geist des Menschen einzuführen, die nötig sind, damit er Glauben an Gott haben und durch dies Mittel Teilhaber an Seiner Herrlichkeit werden kann.

4. Die Offenbarungen, die Er der Menschheitsfamilie gegeben hat, zeigen uns folgendes über Sein Wesen:

5. Erstens: umfassendes Wissen. Apg. 15:18 „Gott sind alle seine Werke bewusst von der Welt her"[27] Jes. 46:9,10 „Denkt an das, was früher galt, in uralten Zeiten: Ich bin Gott, und sonst niemand, ich bin Gott und niemand ist wie ich. Ich habe von Anfang an die Zukunft verkündet und lange vorher gesagt, was erst geschehen sollte. Ich sage: mein Plan steht fest, und alles, was ich will, führe ich aus."

6. Zweitens: Glaube oder Macht. Hebr. 11:3 „Durch Glauben – verstehen wir – wurden die Welten durch Gottes Wort geformt, ...[28]". Gen. 1:1 „Im Anfang schuf Gott Himmel und Erde"; Jes. 14:24,27 „Der Herr der Heere hat geschworen: Wie ich de erdacht habe, so wird es geschehen; wie ich es plante, so wird es auch kommen"...."Denn der Herr der Heere hat es beschlossen. Wer kann es vereiteln? Seine Hand ist ausgestreckt. Wer will sie zurück biegen?"

---

[27] Hier Luther-Übersetzung.
[28] Vgl. Anm. 4

7. Drittens: Gerechtigkeit. Ps. 89:15 „Recht und Gerechtigkeit sind die stützen deines Thrones." Jes. 14:21 „Macht es bekannt, bringst es vor, beratet euch untereinander: Wer hat das alles seit langem verkündet und längst im Voraus angesagt? War es nicht ich, der Herr? Es gibt keinen Gott außer mir; außer mir gibt es keinen gerechten und rettenden Gott." Zef. 3:5 „Aber der Her tritt für das Recht ein in ihrer Mitte..." Sach. 9:9: „Juble laut, Tochter Zion! Jauchze, Tochter Jerusalem! Siehe dein König kommt zu dir. Er ist gerecht und hilft; ..."

8. Viertens: das Richteramt. Ps. 89:15 „Recht und Gerechtigkeit sind die Stützen deines Thrones." Deut. 32:4 „Er heißt: Der Fels. Vollkommen ist, was er tut; denn alle seien Wege sind recht. Er ist ein unbeirrbar treuer Gott, er ist gerecht und gerade." Ps. 9:8 „Der Herr aber thront für ewig; er stellt seinen Thron auf zum Gericht." Ps. 9:17: „Kundgetan hat sich der Herr: er heilt sein Gericht,

9. Fünftens: Gnade[29]. Ps. 89:15 „Huld und Treue schreiten vor deinem Antlitz her". ". Ex. 34:6 „Der Herr ging an ihm vorüber und rief: Jahwe ist ein barmherziger und gnädiger Gott, langmütig reich an Huld und Treue." Neh. 9:17 „... Doch du bist ein Gott, der verzeiht, du bist gnädig und barmherzig, ..."

Ex. 34:6 „... langmütig, reich an Huld und Treue". Deut. 32:4 „Er heißt: Der Fels. Vollkommen ist, was er tut, denn alle seien Wege sind recht. Er ist ein unbeirrbar treuer Gott, er ist gerecht und gerade. Ps. 31:6

10. Und sechstens: Treue[30]. Ps. 89:15 „Huld und treue schreiten vor deinem Antlitz her." Ex 34:6 ..."Huld und Treue schreiten vor deinem Antlitz her." Deut. 32:4 „Er heißt: Der

---

[29] Engl. mercy; bedeutet auch „Erbarmen, Mitleid"
[30] Engl. truth; bedeutet auch „Wahrheit, Wahrhaftigkeit".

Fels. Vollkommen ist, was er tut, denn alle seine Wege sind recht. Er ist ein unbeirrbar treuer Gott, er ist gerecht und gerade." Ps. 31:6 „In deine Hände lege ich voll Vertrauen meinen Geist; du hast mich erlöst, Herr, du treuer Gott."

11. Mit ein wenig Nachdenken wird man einsehen, dass die Vorstellung vom Vorhandensein dieser Wesenszüge in der Gottheit notwendig ist, um ein vernunftbegabtes Wesen zu befähigen, volles Vertrauen in Gott zu setzen. Denn ohne Vorstellung dass dies alles zum Wesen der Gottheit gehört, könnte der Mensch nicht den Glauben an Ihn ausüben, der zu Leben und Erlösung führt. Denn logischerweise könnte Gott ohne Kenntnis von allen Dingen nicht einmal einen Teil Seiner Geschöpfe erretten; denn Er ist aufgrund der Kenntnis, die Er von allen Dingen hat – von ihrem Anfang bis zu ihrem Ende -, in der Lage, Seinen Geschöpfen die Einsicht zu vermitteln, durch die sie zu Teilhabern am ewigen Leben werden können. Wenn es die Vorstellung, dass Gott alle Dinge weiß, nicht im Geiste des Menschen gäbe, wäre es unmöglich für ihn, diesen Glauben an Gott zu haben.

12. Nicht minder nötig ist für den Menschen die Vorstellung, dass die Macht zum Wesen der Gottheit gehört. Denn wenn Gott nicht Macht übe alle Dinge hätte und nicht mittels Seiner Macht alle Dinge lenken könnte, könnte er auch seine Geschöpfe, die ihr Vertrauen auf Ihn setzen, nicht sicher aus der Gewalt all der Wesen befreien, die ihre Zerstörung anstreben, sei es im Himmel, auf Erden oder in der Hölle, und somit könnte der Mensch nicht gerettet werden. Aber wenn diese Vorstellung im Geist des Menschen Wurzeln schlägt, kann er das Gefühl entwickeln, dass derjenige nichts zu fürchten hat, der auf Gott vertraut, denn er glaubt, dass Gott die Macht hat, alle die zu retten, die zu Ihm kommen, selbst aus der größten Ferne.

13. Um den Glauben an Gott auszuüben, der zu Leben und Erlösung führt, ist es auch nötig, dass die Menschen die Vorstellung haben, dass das Attribut „Gerechtigkeit" zu Ihm gehört; denn ohne das Attribut „Gerechtigkeit" mit der Gottheit zu verbinden, könnten die Menschen nicht genügend Zuversicht haben, um sich Seiner Leitung und Führung zu unterstellen; denn die Furcht und der Zweifel könnten sie erfüllen, dass der Richter der ganzen Welt es vielleicht nicht recht machen werde. Mit dieser Furcht oder diesem Zweifel im Sinn, wäre es ausgeschlossen, dass die den Glauben an Ihn ausüben könnten, der zu Leben und Erlösung führt. Aber wenn der Gedanke, dass das Attribut „Gerechtigkeit" zur Gottheit gehört im Sinn des Menschen feste Wurzeln schlägt, bleibt kein Raum für Zweifel im Herzen, und der Geist ist fähig, sich ohne Furcht , ohne Zweifel und mit unerschütterlichem Vertrauen auf den Allmächtigen zu stützen, im Glauben daran, dass der Richter der ganzen Welt alles recht machen wird.

14. Von gleicher Wichtigkeit ist es, dass die Menschen die Vorstellung von der Ausübung des Gerichts mit Gott verbinden, damit sie den Glauben an Ihn ausüben können, der zu Leben und Erlösung führt. Denn ohne diese Vorstellung wäre e für die Menschen unmöglich, solchen Glauben an Ihn zu haben. Es ist einsichtig dass es dies Merkmal ist, durch das diejenigen, die Jesus Christus treu sind, aus den Händen derer befreit werden, die nach ihrer Zerstörung trachten. Denn wenn Gott nicht mit raschem Gericht über die Werke der Ungerechtigkeit und die Mächte der Finsternis käme, könnten seine Heiligen nicht gerettet werden. Durch Sein Gericht befreit der Herr Seine Heiligen aus den Händen aller ihrer Feinde und derer, die das Evangelium unseres Herrn Jesus Christus ablehnen. Doch kaum hat die Vorstellung von dieser Eigenschaft im Geist der Menschen Wurzeln gefasst, so gibt sie dem Geist Kraft, Glauben und Vertrauen in Gott zu setzen, und sie werden fähig, durch Glauben die Verheißungen in

Anspruch zu nehmen, die ihnen gegeben wurden, und in allen Bedrängnissen und Heimsuchungen auszuharren, denen sie durch die Verfolgungen derer ausgesetzt sind, die Gott nicht kennen und dem Evangelium des Herrn Jesus Christus nicht gehorchen. Sie tun es in der der Zuversicht, dass zur rechten Zeit der Herr mit raschem Gericht über ihre Feinde kommen wird und diese dann keinen Teil an ihm haben werden, dass sie selbst dann als Überwinder, und mehr als das, in allen Dingen von Ihm bestätigt werden.

15. Und wiederum ist es notwendig, dass die Menschen den Begriff „Gnade" mit der Gottheit verbinden, um den Glauben an ihn auszuüben, der zu Leben und Erlösung führt. Denn ohne diese Vorstellung würde der Geist der Heiligen inmitten der Bedrängnisse, Heimsuchungen und Verfolgungen, die sie um der Rechtschaffenheit willen ertragen müssen, den Mut verlieren. Aber wenn die Vorstellung von dieser Eigenschaft sich festgesetzt hat, gibt sie dem Geist der Heiligen Leben und Energie, im Vertrauen darauf, dass die Gnade Gottes inmitten ihrer Bedrängnisse über sie ausgegossen wird, dass Er mit ihren Leiden Mitleid haben, dass die Gnade Gottes Anspruch auf sie erheben und dass er sie im Arm Seiner Liebe sicher bergen wird, so dass sie einen vollen Lohn für ihre Leiden erhalten werden.

16. Die letzte, nicht weniger wichtige Einsicht, die der Mensch braucht, um Glauben an Gott auszuüben, ist die, dass Wahrheit ein Wesenszug Gottes ist. Denn ohne die Vorstellung von dieser Eigenschaft hätte der Geist des Menschen nichts, worauf er sich mit Gewissheit stützen könnte – alles wäre Verwirrung und Zweifel. Aber mit der Einsicht, dass Wahrheit untrennbar zur Gottheit gehört, werden alle Lehren, Unterweisungen Verheißungen und Segnungen verwirklicht, und der Geist erlangt die Fähigkeit, sich mit Vertrauen und Zuversicht danach auszustrecken, im Glauben daran, dass diese Dinge und alles, was der Herr

gesagt hat, zu Seiner Zeit erfüllt werden und dass gleichfalls die Flüche, Strafandrohungen und Verteilungen, die über die Häupter der Ungerechten ausgesprochen wurden, ausgeführt werden zu der Zeit, die der Herr sich ausersehen hat: auf Grund Seiner Wahrheit und Zuverlässigkeit kann der Geist seine Befreiung und Errettung als gesichert betrachten.

17. Wenn der Geist des Menschen sich ernsthaft und aufrichtig mit dem Gedanken befasst, dass die vorhin erwähnten Wesenszüge zur Gottheit gehören, wird es offensichtlich sein, dass, soweit dies vom Wesen Gottes abhängt, eine sichere Grundlage gelegt ist, dass er den Glauben an Ihn ausüben kann, der zu Leben und Erlösung führt. Denn da zum Wesen Gottes umfassendes Wissen gehört, kann Er Seinen Heiligen alle Dinge kund tun, die zu ihrer Errettung nötig sich, und da Er alle Macht besitzt, ist Er fähig, sie aus der Gewalt aller Feinde zu befreien, und da Gerechtigkeit zum Wesen der Gottheit gehört, wird Er mit ihnen gemäß der Grundsätze der Gleichheit und Gerechtigkeit verfahren und ihnen eine gerechte Entlohnung gewähren für all ihre Bedrängnisse und Leiden, die sie um der Wahrheit willen auf sich nahmen. Da auch die Ausübung des Gerichts zum Wesen der Gottheit gehört, können Seine Heiligen die unerschütterliche Zuversicht haben, das sie zu Seiner Zeit eine vollkommene Befreiung aus den Händen ihrer Feinde und einen vollständigen Sieg über alle diejenigen erleben werden, die danach trachten, sie zu verletzen oder zu vernichten. Da ebenfalls Gnade zum Wesen der Gottheit gehört, können Seine Heiligen zuversichtlich sein, dass sie auf sie Anwendung finden wird und dass ihnen dadurch inmitten ihrer Schwierigkeiten und Bedrängnisse Trost und Stärkung in reichem Maß zuteilwerden wird. Schließlich führt die Beachtung der Tastsache, dass Wahrheit zum Wesen der Gottheit gehört, den Geist dazu, sich in all seinen Prüfungen und Versuchungen der Hoffnung auf die Herrlichkeit zu

erfreuen, die der Offenbarung Jesu Christi nach auf uns wartet, sich zu freuen angesichts der Krone, die die Heiligen an dem Tage empfangen werden, wo der Herr Seinen Lohn austeilt, und voll Freude jenen Grad ewiger Herrlichkeit zu erwarten, den der Herr ihnen verheißen hat und die sie dann erhalten werden, wenn Er sie vor Seinen Thron stellen wird, und sie ewig in Seiner Gegenwart verbleiben dürfen.

18. Angesichts eines solchen Wesens kann der Glaube außerordentlich stark werden, zum Ruhm und zur Ehre Gottes einen Reichtum an Rechtschaffenheit bewirken und eine gewaltige Triebkraft für das Streben nach Weisheit und Erkenntnis sein, bis der Gläubige Kenntnis von allen Dingen erlangt, die zum Leben und zur Erlösung gehören.

19. So also sieht die Grundlage aus, die Gott durch die Offenbarung Seiner Wesenszüge gelegt hat, damit der Glaube an Ihn ausgeübt werden kann, der zu Leben und Erlösung führt. Die Einsicht, dass dies unveränderliche Wesenszüge der Gottheit sind, - sie sind dieselben gestern, heute und in Ewigkeit – gibt den Heiligen der letzten Tage die gleiche Kraft und das gleiche Recht wie den Heiligen früherer Zeiten, Glauben an Gott auszuüben, so dass in dieser Hinsicht alle Heiligen gleich gestellt waren, sind und es in alle r Ewigkeit sein werden, denn Gott ändert sich nie; daher bleiben Seine Eigenschaften und Sein Wesen für immer gleich. Da durch die Offenbarung derselben die Grundlage für d e n Glauben, der zu Leben und Erlösung führt, gelegt wird, war diese Grundlage zu allen Zeiten gleich; sie ist es heute und wird es immer sein, so dass alle Menschen die gleiche Möglichkeit hatten, haben und haben werden.

Fragen und Antworten

Was wurde in der dritten Lektion gezeigt?

Es wurde gezeigt, dass zutreffende Vorstellungen vom Wesen Gottes nötig sind, um den Glauben an Ihn auszuüben, der zu Leben und Erlösung führt, und dass ohne zutreffende Vorstellungen von seinem Wesen der Mensch nicht die Kraft hätte, diesen Glauben an Ihn auszuüben, dass aber deine zutreffende Vorstellung von Seinem Wesen eine sichere Grundlage dafür bildet, an Ihn zu glauben, soweit dies von Seinem Wegen abhängt.

Was bezweckte Gott, als Er Seine Wesenszüge den Menschen offenbarte?

Er wollte ihnen durch Kenntnis dieser Wesenszüge die Fähigkeit geben, an Ihn zu glauben, damit sie ewiges Leben erlangen könnten. Vgl. 4:2

Könnten die Menschen ohne Kenntnis von diesen Wesenszügen den Glauben an Gott ausüben, der es möglich macht, ewiges Leben zu erlangen?

Nein. Vgl. 4:2,3

Welche Wesenszüge Gottes werden uns in Seinen Offenbarungen genannt?

Erstens: ,Wissen, zweitens: Glaube oder Macht, drittens: Gerechtigkeit, viertens: Ausübung des Gerichts, fünftens: Gnade, sechstens: Treue (oder Wahrheit). Vgl. 4:4-10

Wo finden wir die Offenbarungen, die uns von diesen göttlichen Wesenszügen berichten?

Im Alten und Neuen Testament. Sie werden in 4:4-10 angeführt.

Ist der Gedanke, dass dieses Wesenszüge der Gottheit sind, notwendig, damit ein vernunftbegabtes Wesen den Glauben Gott ausüben kann, der zu Leben und Erlösung führt?
Ja.

Wie kann man das beweisen?
Durch die Gedankengänge in den Paragraphen 4:11-16.

Wird durch den Gedanken, dass diese Attribute zum Wesen der Gottheit gehören, ein vernunftbegabtes Wesen fähig, den glauben an Ihn auszuüben, der zu Leben und Erlösung führt, soweit dieses von Seinem Wesen abhängt?
Ja.

Wie kann man das beweisen?
Durch die Ausführungen in den Paragraphen 4:17 und 4:18.

Wurde den Heiligen der letzten Tage durch Offenbarung des Wesens Gottes genauso viel Berechtigung zuteil, Glauben in Gott zu setzen wie den Heiligen früherer Zeiten?
Ja.

Wie kann man das beweisen?
Durch die Ausführungen in Paragraph 4:19.

FÜNFTE SITZUNG

1. In den vergangenen Sitzungen haben wir das Sein, das Wesen, die Vollkommenheit und die Eigenschaften Gottes behandelt. Mit Vollkommenheit meinen wir hier, dass jeder Seiner Wesenszüge in Vollkommenheit ausgeprägt ist. In dieser Sitzung wollen wir von der Gottheit sprechen – damit meinen wir den Vater, den Sohn und den Heiligen Geist.

2. Es gibt zwei Personen[31], welche die große, unvergleichliche, herrschende, höchste Macht ausmachen, durch welche alle Dinge geformt und geschaffen wurden, die geformt und geschaffen sind, ob sichtbar oder unsichtbar, ob im Himmel, auf der Erde, in der Erde, unter der Erde oder in den Weiten des Weltraums. Diese sind der Vater und der Sohn – der Vater ist ein Wesen von Geist, Herrlichkeit und Macht und besitzt alle Vollkommenheit und Fülle. Der Sohn, der im Schoße des Vaters war, ist eine Person, die die Gottheit verkörpert[32]. Sein Körpers ist wie ein Mensch geformt und gestaltet, oder er hat die Form und Gestalt eines Menschen,

---

[31] Diese Vorlesung wurde, wie schon im Vorwort vermerkt, 1834/35 gehalten und war das Ergebnis des Studiums des Propheten auf der Grundlage der damals vorhandenen Offenbarungen. Spätere Offenbarungen unterstreichen die personale Eigenständigkeit des Heiligen Geistes: 1. Glaubensartikel: „Wir glauben an Gott, den ewigen Vater und an seinen Sohn Jesus Christus und an den Heiligen Geist." (Niedergelegt im „Wentworth-Brief", 1. März 1842).In LuB 130:22 wird formuliert: „Der Vater hat einen Körper aus Fleisch und Gebein, so fühlbar wie die eines Menschen, ebenso der Sohn; aber der Heilige Geist hat keinen Körper aus Fleisch und Gebein, sondern ist eine Person aus Geist. Wäre es nicht so, könnte der Heilige Geist nicht in uns wohnen." (Gegeben am 2. April 1843)
[32] Engl.: personage of tabernacle. Das wäre in wörtlicher Übersetzung: „eine Persönlichkeit als Tabernakel". Tabernakel bedeutet eine Wohnung für die Gottheit und wird unter anderem gebraucht für die Stiftshütte, den Abendmahlsschrein der Katholiken, ein Bethaus.

oder noch richtiger: der Mensch wurde nach Seiner Gestalt und Seinem Bilde geschaffen. Der Sohn ist auch das genaue Abbild und Gleichnis der Persönlichkeit des Vaters, im Besitz der ganzen Fülle des Vaters, d. h. dass Er die gleiche Fülle wie der Vater besitzt. Er wurde von Ihm gezeugt und schon vor der Grundlegung der Welt dazu ausersehen, ein Sühnopfer für die Sünden all derer zu sein, die an Seinen Namen glauben würden; und er wird der Sohn genannt wegen seiner Taten im Fleische, denn Er stieg tiefer in das Leiben hinab als ein Mensch leiden könnte, oder mit anderen Worten: er hatte größere Leiden zu ertragen und war machtvolleren Widerständen ausgesetzt, als irgendein Mensch es sein könnte. Aber trotz allem hielt Er das Gesetz Gottes und blieb ohne Sünde, da damit bewies Er, dass es in der Macht des Menschen liegt, Gottes Gesetz zu halten und ohne Sünde zu bleiben. Damit erwies Er auch, dass durch Ihn ein gerechtes Gericht über alles Fleisch verhängt werden kann und dass das Gesetzt zu recht alle die verdammt, die nicht im Gesetz des Herrn wandeln, und dass sie keine Entschuldigung für ihre Sünden haben. Er der Einzig-Gezeugte des Vaters, voller Gnade und Wahrheit, der nachdem er überwunden hatte, die Fülle der Herrlichkeit des Vaters erhielt, hat den gleichen Geist wie der Vater[33], welcher Geist der Heilige Geist ist, der vom Vater und Sohn Zeugnis gibt. Diese drei sind eins oder mit anderen Worten: diese drei bilden die große, unvergleichliche, herrschende und höchste Macht, durch welche alle Dinge geformt und geschaffen wurden, die geformt und geschaffen sind; und diese drei bilden die Gottheit und sind eins. Der Vater und der Sohn haben den gleichen Willen, die gleiche Weisheit, die gleiche Herrlichkeit, Macht und fülle – sie erfüllen alles in allem. Der Sohn ist erfüllt mit der Fülle des Geistes, der Herrlichkeit und der Macht oder

---

[33] Vgl. Anm. 30

72

mit anderen Worten dem Geist, der Herrlichkeit und der Macht oder mit anderen Worten, dem Geist, der Herrlichkeit und der Macht des Vaters. Er besitzt alle Kenntnis und Herrlichkeit und dasselbe Reich. Er sitzt zur Rechten der Macht, ein Abbild und Gleichnis des Vaters, der Mittler für den Menschen, und Er ist erfüllt mit der Fülle des Wesens des Vaters oder mit anderen Worten mit dem Geist des Vaters, welcher auf alle ausgegossen wird, die an Seinen Namen glauben und Seine Gebote halten. Alle, die Seine Gebote halten, werden von Gnade zu Gnade wachsen und Erben des himmlischen Reiches und Miterben Jesu Christi werden. Sie werden eines Sinnes mit Ihm sein und Sein Bild oder Gleichnis verwandelt werden, ja in das Gleichnis dessen, der alles in allem erfüllt; sie werden mit der Fülle Seiner Herrlichkeit erfüllt und in Ihm eins werden, so wie der Vater und der Sohn und der Heilige Geist eins sind.

3. Aus den bisherigen Aussagen über die Gottheit, die uns durch Offenbarungen gegeben sind, haben die Heiligen eine Grundlage, um den Glauben ausüben zu können, der zu Leben und Erlösung führt. Dies wird ermöglicht durch das Sühnopfer und die Vermittlung Jesu Christi, durch dessen Blut sie Vergebung der Sünden haben und eine gesicherte Belohnung, die im Himmel für sie bereitgehalten wird, ja die Teilnahme an er Fülle des Vaters und des Sohnes durch den Geist. Somit sind die Heiligen durch denselben Geist Teilhaber an derselben Fülle, um sich derselben Herrlichkeit zu erfreuen. Denn so wie er Vater und der Sohn eins sind, in der gleichen Weise werden die Heiligen in Ihnen eins sein. Durch die Liebe des Vaters und die Mittlerschaft Jesu Christi und Gabe des Heiligen Geistes sollen sie Erben Gottes und Miterben Jesu Christi werden.

Fragen und Antworten

Wovon sprachen wir in den vorangegangenen Sitzungen?
Vom Wesen, der Vollkommenheit und den Eigenschaften der Gottheit. Vgl. 5:1

Was verstehen wir unter „Vollkommenheit der Gottheit"?
Die Vollkommenheit, die zu Seinen Wesenszügen gehört.

Wie viele Personen gehören zu der Gottheit?
Zwei: der Vater und der Sohn[34]. Vgl. 5:1

Wie kann man beweisen, dass zwei Personen zur Gottheit gehören?
Durch die Schriften:
Gen. 1:26[35] (vgl. auch 2:6): „Und ich Gott, sagte zu meinem Einziggezeugten, der vom Anfang an bei mir war: Lass uns den Menschen schaffen als unser Abbild, uns selbst ähnlich! Und so geschah es. ..."
Gen. 3:22[36] „Und ich, der Herr Gott, sprach zu meinem Einziggezeugten: Siehe, der Mensch, ist geworden wie unsereiner im Erkennen von Gut und Böse; ..."
Joh. 17:5 „Vater, verherrliche du mich jetzt bei dir mit der Herrlichkeit, die ich bei dir hatte, bevor die Welt war."
Vgl. 5:2

Was ist der Vater?
Er ist eine Person voll Herrlichkeit und Macht. Vgl. 5:2

---

[34] Vgl. Anm. 30
[35] zitiert nach Köstliche Perle, Mose 2:26
[36] zitiert nach Köstliche Perle, Mose 4:28

Wie kann man beweisen, dass der Vater eine Person voll Herrlichkeit und Macht ist?

Jes. 60:19 „Bei Tag wird nicht mehr die Sonne dein Licht sein, und um dir die Nacht zu erhellen scheint nicht mehr der Mond, sondern der Herr ist dein ewiges Licht, dein Gott dein strahlender Glanz.

1.Chr. 29:11 "Dein, Herr, sind Größe und Kraft, Ruhm und Glanz und Hoheit; …"

Ps. 29:3 „Die Stimme des Herrn erschallt über den Wassern. Der Gott der Herrlichkeit donnert, …"

Ps. 79:9 „Um der Ehre deines Namens willen hilf uns, du Gott unseres Heils! …"

Röm. 1:23 „Sie vertauschten die Herrlichkeit des unvergänglichen Gottes mit Bildern, die einen vergänglichen Menschen und fliegende, vierfüßige und kriechende Tiere darstellen."

Zweitens Macht: 1. Chr. 29:11 „Dein Herr, sind Größe und Kraft, Ruhm und Glanz und Hoheit; …"

Jer. 32:17 „Ach, mein Herr und Gott! Du hast Himmel und Erde erschaffen durch deine große Kraft und einen hoch erhobenen Arm. Nichts ist dir unmöglich."

Deut. 4:37 „Weil er deine Väter lieb gewonnen hatte, hat er alle Nachkommen eines jeden von ihnen erwählt und dich dann in eigener Person durch seine große Kraft aus Ägypten geführt."

2 Sam. 22:33 „Gott ist meine starke Burg, …"

Ijob 26:7-14 „Er spannt übe dem Leeren den Norden, hängt die Erde auf am Nichts. Er bindet das Wasser in sein Gewölk; doch birst darunter die Wolke nicht. Er verschließt den Anblick seines Throns und breitet darüber sein Gewölk. Eine Grenze zieht er rund um die Wasser bis an den Rand von Licht und Finsternis. Die Säulen des Himmels erzittern, sie erschrecken vor seinem Drohen. Durch seine Kraft stellt stillt er das Meer, durch seine Klugheit zerschmettert er Rahab.

Durch seinen Hauch wird heiter der Himmel, seine Hand durchbohrt die flüchtige Schlange. Siehe, das sind nur die Säume seines Waltens; wie ein Flüstern ist das Wort, das wir von ihm vernehmen. Doch das Donnern seiner Macht, wer kann es begreifen?"

Was ist der Sohn?
Er ist eine Person, die die Gottheit verkörpert[37]. Vgl. 5:2

Wie kann man das beweisen?
Joh. 14:9,10,11 „Jesus antwortete ihm: Schon so lange bin ich bei euch, und du hast mich nicht erkannt, Philippus? Wer mich gesehen hat, hat den Vater gesehen. Wie kannst du sagen: zeig uns den Vater? Glaubst du nicht, dass ich im Vater bin und dass der Vater in mir ist? Die Worte, die ich zu euch sage, habe ich nicht aus mir selbst. Der Vater, der in mir bleibt, vollbringt seine Werke. Glaubt mir doch, dass ich im Vater bin und dass der Vater in mir ist. ..."
Zweitens: als Verkörperung der Gottheit wurde er wie ein Mensch geformt und gestaltet, bzw. bekam die Form und Gestalt eines Menschen. Vgl. 5:2
Phil. 2:5-8 „Seid untereinander so gesinnt, wie es dem Leben in Christus Jesus entspricht. Er war Gott gleich, hielt aber nicht daran fest, wie Gott zu sein, sondern er entäußerte sich und wurde wie ein Sklave und den Menschen gleich. Sein Leben war das eines Menschen; er erniedrigte sich und war gehorsam bis zum Tod, bis zum Tod am Kreuz."
Hebr. 2:14,16 „Da nun die Kinder Menschen von Fleisch und Blut sind, hat auch er in gleicher Eise Fleisch und Blut

---

[37] Vgl. Anm. 31

angenommen. ..." „Denn er nimmt sich keineswegs der Engel an, sondern der Nachkommen Abrahams nimmt er sich an."[38]

Wieder Phil. 2:5,6 „Seid untereinander so gesinnt, wie es dem Leben in Christus Jesus entspricht. Er war Gott gleich, hielt aber nicht daran fest, wie Gott zu sein, ..."

Haben der Vater und der Sohn alle Dinge geschaffen und geformt, die geschaffen und geformt wurden?

Ja. Kol. 1:15-17 „Er ist das Ebenbild des unsichtbaren Gottes, der Erstgeborene der ganzen Schöpfung. Denn in ihm wurde alles erschaffen im Himmel und auf Erden, das Sichtbare und das Unsichtbare, Throne und Herrschaften, Mächte und Gewalten, alles ist durch ihn und auf ihn hin geschaffen. Er ist vor aller Schöpfung, in ihm hat alles Bestand."

Gen. 1:1 „Im Anfang schuf Gott Himmel und Erde;"

Hebr. 1:2 „in dieser Endzeit aber hat er zu uns gesprochen durch den Sohn, den er zum Erben des Alls eingesetzt und durch den er die Welt geschaffen hat."

Besitzt der Sohn die Fülle des Vaters?

Ja. Kol. 1:19 „Denn Gott wollte mit seiner ganzen Fülle in ihm wohnen."

Kol. 2:9 „Denn ihn ihm allein wohnt wirklich die ganze Fülle Gottes."

---

[38] In der King-James-Fassung lautet Vers 16 etwas anders: „Denn wahrlich, er nahm nicht die Natur der Engel an, sondern den Samen Abrahams nahm er an."
Hier erscheint mir die King-James-Fassung logischer, denn Christus hat sich der ganzen Menschheit angenommen, von der die „Nachkommen Abrahams" nur ein Teil sind, aber er hat „den Samen Abrahams" angenommen, denn er ist in dessen Abstammungslinie auf die Welt gekommen und wurde in seinem menschlichen Wesen von ihr geprägt.

Eph. 1."Sie ist sein Leib und wird von ihm erfüllt, der das All ganz und gar beherrscht."[39]

Warum wird er der Sohn genannt?
Wegen seiner Taten im Fleisch.
Luk. 1:32 „Er wird groß sein und Sohn des Höchsten genannt werden. ..."
Mt. 3:16,17 „Kaum war Jesus getauft und aus dem Wasser gestiegen, da öffnete sich der Himmel, und er sah den Geist Gottes wie eine Taube auf sich herabkommen. Und eine Stimme aus dem Himmel sprach: Das ist mein geliebter Sohn, an dem ich Gefallen gefunden habe."
War er vom Vater schon vor Grundlegung der Welt dazu ausersehen, als Sühnopfer für alle diejenigen zu dienen, die an seinen Namen glauben würden?
Ja. 1. Pe. 1:18-20 Ihr wisst, dass ihr aus eurer sinnlosen, von den Vätern ererbten Lebensweise nicht um einen vergänglichen Preis losgekauft wurdet, nicht um Silber oder Gold, sondern mit dem kostbaren Blut Christi, des Lammes ohne Fehl und Makel. Er war schon vor der Erschaffung der Welt dazu ausersehen, und euretwegen ist er am Ende der Zeiten erschienen."
Offb. 13:8 „Alle Bewohner der Erde fallen nieder vor ihm (dem Tier): alle deren Namen nicht seit der Erschaffung der Welt eingetragen ist ins Lebensbuch des Lammes, das geschlachtet wurde."[40]
1.Kor. 2:7 „Vielmehr verkündigen wir das Geheimnis der verborgenen Weisheit Gottes, die Gott vor allen Zeiten vorausbestimmt hat zu unserer Verherrlichung."

---

[39] Luther übersetzt hier: „welche da ist sein Leib, nämlich die Fülle des, der alles in allen erfüllt."
[40] Luther übersetzt hier: „..., deren Namen nicht geschrieben sind in dem Lebensbuch des Lammes, das erwürgt ist, von Anfang der Welt."

Haben der Vater und der Sohn die gleiche Gesinnung?

Ja. Joh. 5:30 „Von mir selbst aus kann ich nichts tun; ich richte, wie ich es vom Vater höre, und mein Gericht ist gerecht, weil es mir nicht um meinen Willen geht, sondern um den Willen dessen, der mich gesandt hat."

Joh. 6:38 „denn ich bin nicht vom Himmel herabgekommen, um meinen Willen zu tun, sondern den Willen dessen, der mich gesandt hat."

Joh. 10:30 „Ich und der Vater sind eins."

Was ist diese Gesinnung?

Der heilige Geist[41]. Joh. 15:26 „Wenn aber der Beistand kommt, den ich euch vom Vater aus senden werde, der Geist der Wahrheit, der vom Vater ausgeht, dann wird er Zeugnis für mich ablegen."

Gal. 4:6 „Weil ihr aber Söhne seid, sandte Gott den Geist seines Sohnes in unser Herz, …"

Bilden der Vater, der Sohn und der Heilige Geist zusammen die Gottheit?

Ja. Vgl. 5:2.

Werden diejenigen, die an Christus glauben, durch die Gabe des Heiligen Geistes eins mit dem Vater und dem Sohn, so wie der Vater und der Sohn eins sind?

Ja. Joh. 17:20,21 „Aber ich bitte nicht nur für diese hier, sondern auch für alle, die durch ihr Wort an mich glauben. Alle sollen eins sein: wie du, Vater, in mir bist und ich in dir bin, sollen auch sie in uns eins sein, damit die Welt glaubt, dass du mich gesandt hast."

Bilden die bisherigen Aussagen über die Gottheit eine sichere Grundlage, um den Glauben an ihn ausüben zu können, der zu Leben und Erlösung führt?

Ja.

---

[41] Vgl. Anm. 30

Wie kann man das beweisen?
Durch die Ausführungen im dritten Paragraphen.

SECHSTE SITZUNG

1. Nachdem wir in den vorigen Sitzungen die Vorstellung vom Wesen, der Vollkommenheit und den Eigenschaften Gottes behandelt haben, wollen wir jetzt von der Kenntnis sprechen, dass die eigene Lebensführung dem Willen Gottes entspricht. Diese Kenntnis brauchen die Menschen, um den Glauben an Gott auszuüben, der zu Leben und Erlösung führt.

2. Diese Kenntnis nimmt einen wichtigen Platz in der von Gott geoffenbarten Religion ein; denn nur hierdurch war es den Menschen in alter Zeit möglich, auszuharren, als ob sie Ihn, der uns unsichtbar ist, sehen könnten. Eine sicher Kenntnis, dass die eignen Lebensführung dem Willen Gottes entspricht, ist für jeden Menschen unbedingt notwendig, um das Maß an Vertrauen zu Gott haben zu können, das man braucht, um ewiges Lebens zu erlangen. Diese Gewissheit hat die Heiligen vor alters befähigt, all ihre Bedrängnisse und Verfolgungen zu ertragen und die Zerstörung ihrer Güter freudig hinzunehmen, weil sie wussten (nicht nur glaubten), dass sie einen besseren Besitz hatten, der ihnen blieb (Hebr. 10:34)

3. Da sie die Gewissheit hatten, dass sie ein Leben führten, wie es dem Willen Gottes entsprach, waren sie fähig, nicht nur die Zerstörung ihrer Güter und das Hinschwinden all ihrer Mittel mit Freuden zu ertragen, sondern auch den Tod in der schrecklichsten Art und Weise zu erleiden, da sie wussten (nicht nur glaubten), dass, wenn ihr irdisches Zelt abgebrochen würde, sie eine Wohnung von Gott hatten, ein nicht von Menschenhand errichtetes ewiges Haus im Himmel (2. Kor. 5:1)

4. Die Lage der Heiligen Gottes, war immer so und wird immer so sein, dass ohne eine sichere Kenntnis, dass ihre Lebensführung dem Willen Gottes entspricht, der Geist ermatten und schwach werden wird. Denn die Gegnerschaft

in den Herzen der Ungläubigen und derer, die Gott nicht kennen, gegen die reine und unverdorbenen Religion, wie sie vom Himmel kommt (und die als einzige ewiges Lebens zu sichern vermag), war immer derart und wird immer so sein, dass sie alle auf das Äußerste verfolgen werden, die Gott gemäß Seinen Offenbarungen verehren, sich der Wahrheit in Liebe öffnen und ihren Eigenwillen unterwerfen, um sich durch Seinen Willen führen und leiten zu lassen. Weil die Gegner zum Äußersten schreiten werden, wird weniger als die sichere Kenntnis, dass sie die Auserwählten der Himmels sind und die Ordnung der Dinge angenommen haben, die Gott für die Erlösung der Menschen eingesetzt hat, nicht ausreichen, um ihnen die Kraft zu geben, ihr Vertrauen zu Ihm zu bewahren, das sie brauchen, um die Welt zu überwinden und jene Korne der Herrlichkeit zu erlangen, die für diejenigen, die Gott fürchten, bereitet ist.

5. Damit ein Mensch alles aufgibt, was er hat, bestimmt Persönlichkeitsmerkmale, seinen Ruf, seine Ehre, den Beifall der Umwelt, seinen guten Namen unter den Menschen, sein Haus, sein Land, seine Geschwister, seine Frau und seine Kinder und selbst sein Leben – und dies alles im Verhältnis zu seiner Erkenntnis von Jesus Christus und ihrer Herrlichkeit bloß für „Abfall und Dreck" erachtet – reicht bloßer Glaube oder die Vermutung, dass er damit den Willen Gottes tut, nicht aus, sondern er braucht eine sichere Erkenntnis, so dass es ihm klar vor Augen steht, dass er nach Beendigung dieser Leiden in die ewige Ruhe eingehen und ein Teilhaber an Gottes Herrlichkeit sein wird.

6. Denn sofern ein Mensch nicht sicher weiß, dass sein Wandel mit Gottes Willen im Einklang steht, wäre es eine Beleidigung der Erhabenheit des Schöpfers anzunehmen, dass er, wenn er mit den Aufgaben dieses Lebens fertig ist, ein Teilnehmer an Seiner Herrlichkeit sein wird, Aber wenn er diese Kenntnis hat und mit Sicherheit weiß, dass er den Willen

Gottes tut, kann er voller Vertrauen erwarten, dass er an Gottes Herrlichkeit teilhaben wird.

7. Wir wollen hier anmerken, dass eine Religion, die nicht fordert, dass man um ihretwillen alles opfert, nicht genug Kraft hat, den Glauben hervorzubringen, der für Leben und Erlösung notwendig ist. von den Anfängen der Menschheit an konnte der Glaube, der erforderlich ist, damit man sich des Lebens und der Erlösung erfreuen kann, nie ohne die Bereitschaft errungen werden, alle irdischen Dinge zu opfern. Allein durch die Fähigkeit zu diesem Opfer und durch nichts anderes können die Menschen sich nach Gottes Fügung ewigen Lebens erfreuen; und erst wenn sie alle irdischen Dinge tatsächlich opfern, können Menschen sicher sein, dass die Dinge, die sie tun, vor den Augen Gottes angenehm sind. Wenn ein Mensch um der Wahrheit willen alles geopfert hat, was er besitzt, und nicht einmal sein Leben ausgenommen hat und aufrichtig vor Gott glaubt, dass er berufen wurde, dies Opfer zu bringen, weil er danach trachtet, Seinen Willen zu tun, dann weiß er auch mit Sicherheit, dass Gott seine Gabe und sein Opfer angenommen hat oder annehmen wird und dass er Sein Angesicht nicht vergeblich gesucht hat noch es vergeblich suchen wird. Unter solchen Umständen kann der Glaube erwachsen, der einen Menschen befähigt, tatsächlich ewiges Leben zu erlangen.

8. Wenn jemand sich einbildet, das er Miterbe mit jenen sein kann oder sein wird, die alles ,was sie hatten, zum Opfer dargeboten und auf diese Weise festen Glauben an Gott und Gnade vor Ihm erlangt haben, so dass sie ewiges Leben erhalten, so wird sein Glaube nichtig sein, solange er nicht dasselbe Opfer in gleicher Vorbehaltlosigkeit darbietet und durch dies Opfer die Gewissheit erhält, das er von Ihm angenommen ist.

9. Durch die Darbringung von Opfern erhielt Abel, der erste Märtyrer, die Kenntnis, dass er von Gott angenommen

war. Und von den Tagen des rechtschaffenen Abel an bis zur heutigen Zeit wird die Gewissheit, dass man in den Augen Gottes bestehen kann, durch die Darbringung von Opfern erlangt. In den letzten Tagen, bevor der Herr kommt, wird Er Seine Heiligen, die einen Bund durch Opfer mit Ihm schlossen, sammeln. Ps. 1:3-5 „Unser Gott kommt und schweigt nicht; Feuer frisst vor ihm her; um ihn stürmt es gewaltig. Dem Himmel droben und der Erde ruft er zu, er werde sein Volk nun richten: Versammelt mir alle meine Frommen, die den Bund mit mir schlossen beim Opfer."

10. Dann werden diejenigen, die das Opfer bringen, das Zeugnis haben, dass ihre Lebensführung in den Augen Gottes angenehm ist; und diejenigen, die dies Zeugnis haben, werden den Glauben haben, ewiges Leben zu ergreifen, und werden durch ihren Glauben fähig sein, bis zum Ende auszuharren und die Krone zu erlangen, die für diejenigen bereitet ist, die das Erscheinen unseres Herrn Jesus Christus lieben. Doch diejenigen, die dies Opfer nicht bringen, können sich dieses Glaubens nicht erfreuen, denn die Menschen sind von diesem Opfer abhängig, um solchen Glauben zu erlangen. Deshalb können sie das ewige Leben nicht ergreifen, denn die Offenbarungen Gottes gewährleisten ihnen nicht das Recht, dies zu tun, und ohne diese Gewährleistung kann der Glaube nicht bestehen.

11. Alle Heiligen, von denen uns in den uns zugänglichen Offenbarungen berichtet wird, erlangten ihre Kenntnis darüber, dass sie vor den Augen Gottes bestehen konnten, durch die Opfer, die sie Ihm darbrachten. Durch ihre auf diese Weise erlangte Kenntnis wurde ihr Glaube stark genug, sich auf die Verheißung ewigen Lebens zu stützen und auszuharren, so als sähen sie den, der unsichtbar ist. So wurden sie durch den Glauben befähigt, die Mächte der Finsternis zu bekämpfen, sich gegen die Tücken des Feindes

zu behaupten, die Welt zu überwinden und das Ziel ihres Glaubens zu erlangen, nämlich die Errettung ihrer Seele.

12. Diejenigen aber, die Gott ein solches Opfer nicht brachten, wissen nicht, ob das Leben, das sie führen, Gott wirklich gefällt. Was immer sie hierüber glauben oder meinen mögen, werden doch Zweifel und Unsicherheit ihn ihnen sein; und wo Zweifel und Unsicherheit sind, ist und kann kein fester Glaube sein. Denn Zweifel und Glauben können nicht gleichzeitig in einem Menschen wohnen, so dass Menschen, die von Zweifel und Furcht beherrscht sind, kein unerschütterliches Vertrauen haben können. Wo es aber kein unerschütterliches Vertrauen gibt, ist der Glaube schwach. Wenn der Glaube schwach ist, werden die Menschen nicht fähig sein, dem Widerstand; den Trübsalen und Verfolgungen standzuhalten, auf die sie stoßen werden, um Erben Gottes und Miterben Jesu Christi sein zu können. Sie werden schwach werden und der Feind wird Gewalt über sie erlangen und sie zerstören.

Dieser Teil ist so klar und die vorgebrachten Lehren so einsichtig, dass es nicht nötig schien, hierzu eine Wiederholung in Frage-Antwort-Form zu formulieren. Dem Studierenden wird daher empfohlen, sich das Ganze einzuprägen.

SIEBENTE SITZUNG

1. In den bisherigen Sitzungen behandelten wir, was Glaube ist und worauf er beruht. Unserem Plan gemäß wollen wir jetzt dazu fortschreiten, von seinen Wirkungen zu sprechen. 2. Da wir schon in einer früheren Sitzung gesehen haben, dass Glaube die Grundlage des Handelns und der Macht bei allen intelligenten Wesen, sowohl im Himmel wie auf der Erde, ist, wird man wohl nicht von uns erwarten, dass wir in einer Vorlesung dieser Art alle seine Wirkungen aufrollen können. Dies ist für unsere Zwecke auch nicht nötig, denn es hieße, auf alle Dinge im Himmel und auf Erden einzugehen und alle Schöpfungen Gottes in ihrer unendlichen Vielfalt einzuschließen. Denn nie wurde eine Welt geformt, ohne dass dies durch Glauben geschah, noch kam je ein intelligentes Wesen in eine von Gottes Schöpfungen, das nicht durch Glauben dorthin gelangte, sei es sein eigener Glaube oder der eines anderen intelligenten Wesens. Es hat auch nie ein Änderung oder eine Umwälzung in einer von Gottes Schöpfungen gegeben, die nicht durch Glauben verursacht wäre, und es wird auch in keiner der ausgedehnten Schöpfungen des Allmächtigen eine Änderung oder eine Umwälzung geben, die nicht auf die gleiche Weise zustande kommt, denn die Gottheit wirkt durch Glauben.

3. Wir wollen hier eine Erklärung über den Glauben einfügen, damit klar verstanden werden kann, was wir meinen. Wir fragen also: Was soll man darunter verstehen, dass jemand durch Glauben wirkt? Wir antworten: Wir verstehen darunter, dass ein Mensch, der durch Glauben wirkt, durch geistige Anstrengung eine Wirkung hervorruft anstatt durch die Ausübung physischer Kraft. Schon die Worte statt der Anwendung physischer Stärke rufen Wirkungen hervor, wenn ein Wesen durch Glauben wirkt. „Gott sprach:

Es werde Licht. Und es wurde Licht" Josua sprach und die großen Lichter, die Gott geschaffen hatte, standen still. Elija befahl, und die Himmel waren für den Zeitraum von drei Jahren und sechs Monaten verschlossen, so dass es nicht regnete; er befahl wiederum, und hinfort spendete der Himmel Regen. All dies wurde durch Glauben getan. Und der Erlöser sagt: „Wenn euer Glaube auch nur so groß ist wie ein Senfkorn, dann werdet ihr zu diesem Berg sagen: Rück von hier nach dort!, und er wird wegrücken, oder ihr würdet zu dem Maulbeerbaum hier sagen: Hebe dich samt deinen Wurzeln aus dem Boden und verpflanz dich ins Meer!, und er würde euch gehorchen." Glaube wirkt also mit Worten; und durch sie wurden seine gewaltigsten Werke ausgeführt und werden auch in Zukunft ausgeführt werden.

4. Man wird sicherlich nicht von uns fordern, zu beweisen, dass dies die Grundlage ist, auf der von Ewigkeit her gehandelt wurde und in Ewigkeit gehandelt werden wird. Denn jeder der darüber nachdenkt, muss wissen, dass nur durch diese Macht die Heerscharen des Himmels ihre wunderbaren, erhabenen und herrlichen Werke vollbringen. Durch diese Macht bewegen sie sich von einem Ort zum andern, durch sie können sie vom Himmel zur Erde herabsteigen; ohne diese Macht könnten sie niemals dienende Geister für diejenigen sein, die Erben der Seligkeit werden, und sie könnten nicht als himmlische Boten fungieren, denn ihnen würde die Macht fehlen, den Willen Gottes auszuführen.

5. Für uns reicht es aus, zu sagen, dass die ganze sichtbare Schöpfung, wie sie jetzt besteht, eine Wirkung des Glaubens ist. Durch Glauben wurde sie geformt, und durch die Macht des Glaubens behält sie die gegebene Gestalt und bleiben die Planeten in ihrer Bahn und strahlen ihre Herrlichkeit aus. So ist Glaube also mit Recht der erste Grundsatz in der Wissenschaft „Theologie", und er führt bei richtigem Verständnis, den Sinn zurück zum Anfang und trägt ihn

vorwärts zum Ende, mit anderen Worten: er führt ihn von Ewigkeit zu Ewigkeit.

6. Nachdem Glaube also der Grundsatz ist, durch den die himmlischen Heerscharen ihre Werke verrichten und durch den sie sich all ihrer Glückseligkeit erfreuen, können wir erwarten, dass er in einer Offenbarung von Gott als der Grundsatz dargelegt wird, nach dem Seine Geschöpfe hier unten handeln müssen, um die Glückseligkeit zu erlangen, der sich die Heiligen in den ewigen Sphären erfreuen. Wenn Gott es unternehmen wollte, Menschen zu Seiner Freude emporzuheben, müssen wir erwarten, dass Er sie die Notwendigkeit eines Lebens im Glauben und sie lehren wird, dass es ohnedem unmöglich ist, die Segnungen der Ewigkeit zu genießen, da ja die Segnungen der Ewigkeit Ergebnisse des Glaubens sind.

7. Daher wurde auch mit Recht gesagt: „ohne Glauben aber ist es unmöglich, Gott zu gefallen." Wenn jemand uns fragen wollte: „Warum ist es unmöglich, Gott ohne Glauben zu gefallen? so wäre die Antwort: „Weil es für den Menschen unmöglich ist, ohne Glauben gerettet zu werden"; und da Gott die Errettung des Menschen wünscht, muss Er natürlich auch wünschen, dass der Mensch Glauben entwickelt. Er kann nicht zufrieden sein, solange dies nicht der Fall ist, denn dann wäre er ja mit dem Untergang des Menschen zufrieden.

8. Hieraus lernen wir, dass die vielen Ermahnungen, Glauben an Ihn zu haben, die inspirierte Männer denen gaben, die das Wort des Herrn annahmen, keine bloßen Allgemeinplätze waren, sondern aus dem besten aller Gründe gegeben wurden, nämlich dass ohnedem keine Errettung möglich ist, weder in dieser noch in der künftigen Welt. Wenn Menschen anfangen, im Glauben zu leben, beginnen sie, sich Gott zu nähern; und wenn ihr Glaube vollkommen sein wird, werden sie wie Er sein. Da Er ein seliges Wesen ist, werden

auch sie selig sein, denn sie werden sich in demselben Zustand befinden wie Er, weil sie zu Ihm gekommen sind. Wenn er erscheint, werden sie Ihm gleich sein, denn sie werden Ihn sehen, wie Er ist.

9. So wie die sichtbare Schöpfung ein Ergebnis des Glaubens ist, so ist es auch die Seligkeit – wir sprechen hier von Seligkeit im umfassendsten Sinn, sei sie zeitlicher oder geistiger Natur. Um uns diesen Gesichtspunkt klar zu machen, wollen wir fragen: In welcher Lage muss ein Wesen sein, um als selig zu gelten? Oder was ist der Unterscheid zwischen einem seligen Menschen und einem, der nicht selig ist? Wir leiten unsere Antwort davon dem ab, was wir vorhin über die himmlische Welt erkannt haben; danach müssen es Personen sein, die durch Glauben wirken können und die fähig sind, durch ihren Glauben dienende Geister für diejenigen zu sein, die auch Erben der Seligkeit werden sollen. Sie müssen den Glauben haben, der sie fähig macht, in der Gegenwart Gottes zu handeln, sonst können sie nicht selig werden. Der wahre Unterschied zwischen einer Person, die selig ist, und einer, die es nicht ist, besteht in ihrem unterschiedlichen Maß an Glauben: der Glaube des einen ist vollkommen genug geworden, dass er nach dem ewigen Leben greift, und der des andern ist es nicht. Aber um noch etwas genauer zu ein, wollen wir fragen: "Wo finden wir ein Muster dessen Vorbild wir uns angleichen müssen, um an Leben und Erlösung teilhaben zu können? Oder mit anderen Worten: Wo finden wir ein seliges Wesen? Denn wenn wir ein seliges Wesen finden können, können wir ohne große Schwierigkeiten ermitteln, wie alle andren werden müssen, um selig zu werden. Wir denken, dass es keine Meinungsverschiedenheit darüber geben wird, dass die zwei ungleiche Wesen nicht beide selig sein können. Was immer die Seligkeit des einen ausmacht, wird ja auch die Seligkeit jeden anderen

Geschöpfes ausmachen. Wir fragen daher: „Wo ist das Muster? Oder wo gibt es ein seliges Wesen? Wir sind sicher, dass es zu unserer Antwort keine abweichende Meinung unter denen geben kann, die an die Bibel glauben: es ist Christus. Alle werden darin übereinstimmen, dass Er das Muster oder der Maßstab für Seligkeit ist oder, mit anderen Worten, dass Er ein seliges Wesen ist. Und wenn wir unsere Untersuchung fortführen und fragen, wodurch Er ein seliges Wesen ist, wäre die Antwort: weil Er ein gerechtes und heiliges Wesen ist. Wäre Er nur in irgendeiner Hinsicht anders, als Er tatsächlich ist, wäre Er nicht selig; denn Seine Seligkeit beruht darauf, dass er genau das ist, was er ist, und nichts anderes. Denn wenn es möglich wäre, dass Er sich auch nur im Geringsten änderte, so würde Er sicherlich seinen Stand der Seligkeit nicht erhalten können, sondern all Seine Herrschaft, Macht, Gewalt und Herrlichkeit, die die Seligkeit ausmachen, verlieren. Denn die Seligkeit besteht in der Herrlichkeit, Macht, Erhabenheit, Herrschaft und Gewalt, wie Jehovah sie besitzt, und in nichts anderem; und niemand kann sie haben als Er selbst oder jemand, der Ihm gleich ist. So sagt Johannes in seinem ersten Brief, Kapitel 3 Vers 2 und 3: „Liebe Brüder, jetzt sind wir Kinder Gottes. Aber was wir sein werden, ist noch nicht offenbar geworden. Wir wissen, dass wir ihm ähnlich[42] sein werden, wenn er offenbar wird; denn wir werden ihn sehen, wie er ist. Jeder, der dies von ihm erhofft, heiligt sich, so wie er heilig ist." Warum heiligen sie sich, so wie Er heilig ist? Weil sie, wenn sie es nicht tun, nicht wie Er sein können.

10. Der Herr sagt im Lev. 19:2 zu Moses: „Rede zur ganzen Gemeinde der Israeliten und sag zu ihnen: Seid heilig, denn ich, der Herr, euer Gott, bin heilig". Und Petrus sagt in seinem ersten Brief (1. Pe. 1:15,16): „Wie er, der euch berufen hat,

---

[42] Die Luther- und die King-James-Fassung lauten hier: „dass wir ihm g l e i c h sein werden.".

90

heilig ist, so soll auch euer ganzes Leben heilig werden. Denn es heißt in der Schrift: Seid heilig, denn ich bin heilig." Und der Erlöser sagt (Mat. 5:48): „Ihr sollt vollkommen sein, wie es auch euer himmlischer Vater ist." Falls jemand fragt, was all diese Aussprüche bedeuten, so finden wir die Antwort in dem zitierten Text aus dem Johannesbrief. Wenn der Herr erscheinen wird, werden die Heiligen Ihm gleich sein; und wenn sie nicht heilig sind, wie Er heilig ist, und vollkommen, wie Er vollkommen ist, dann können sie Ihm nicht gleich sein. Denn kein Wesen kann sich seiner Herrlichkeit erfreuen, ohne auch Seine Heiligkeit und Vollkommenheit zu besitzen; das wäre ebenso unmöglich, wie Sein Reich zu regieren, ohne Seine Macht zu haben.

11. Dies führt uns klar vor Augen, wie angemessenes ist, wenn der Erlöser sagt (Joh. 14:12): „Amen, Amen ich sage euch: Wer an mich glaubt, wird die Werke, die ich vollbringe auch vollbringen, und er wird noch größere vollbringen, denn ich gehe zum Vater." Wenn wir dies mit einigen Aussagen im Gebet des Erlösers, wie es im 17. Kapitel wiedergegeben wird, in Verbindung bringen, werden uns Seine Äußerungen klar verständlich. Er sagt dort (Joh. 17:20-24): „Aber ich bitte nicht nur für diese hier sondern auch für alle, die durch ihr Wort an mich glauben. Alle sollen eins sein: Wie du, Vater , in mir bist und ich in dir bin, sollen auch sie in uns eins sein, damit die Welt glaubt, dass du mich gesandt hast. Und ich habe ihnen die Herrlichkeit gegeben, die du mir gegeben hast; denn sie sollen eins sein, wie wir eins sind, ich in ihnen und du in mir. So sollen sie vollendet sein in der Einheit, damit die Welt erkennt, dass du mich gesandt hast und die meinen ebenso geliebt hast wie mich. Vater, ich will, dass alle, die du mir gegeben hast, dort bei mir sind, wo ich bin. Sie sollen meine Herrlichkeit sehen, die du mir gegeben hast, weil du mich schon geliebt hast vor der Erschaffung der Welt."

12. Wenn wir all diese Aussagen zusammenfassen, geben sie uns eine so klare Vorstellung über den Zustand der verherrlichten Heiligen, wie Sprache sie überhaupt vermitteln kann. Sie werden ebenso große Werke tun, wie Er sie getan hat, ja sogar größere Werke, als Er unter ihnen vollbracht hat, und das, weil Er zum Vater gegangen ist. Er sagt in Vers 27: „Vater, ich will, dass alle, die du mir gegeben hast, dort bei mir sind, wo ich bin. Sie sollen meine Herrlichkeit sehen, ..." Dieser Ausspruch in diesem Zusammenhang macht es ganz klar, dass die größeren Werke, die diejenigen tun sollen, die an Seinen Namen glauben, in der Ewigkeit verrichtet werden sollen, dort wohin Er gegangen ist und wo sie Seine Herrlichkeit sehen werden. In einem anderen Teil dieses Gebets hat Er gesagt, Er wünsche von Seinem Vater, dass diejenigen, die an Ihn glaubten, eins mit Ihm sein sollten, so wie Er und der Vater miteinander eins sind: „Aber ich bitte nicht nur für diese hier" (die Apostel) „sondern auch für alle, die durch ihr Wort an mich glauben. Alle sollen eins sein:" (d. h. sowohl die Apostel untereinander als auch die, die durch die Worte der Apostel an Ihn glauben würden) „Wie du, Vater in mir bist und ich in dir bin, sollen auch sie in uns sein, ..."

13. Welche Worte könnten klarer sein? Der Erlöser hatte gewiss die Absicht, von seinen Jüngern verstanden zu werden, und Er sprach so, dass sie Ihn verstehen konnten. Er erklärt Seinem Vater mit Worten, die nicht leicht missverstanden werden können, dass Er wünsche, Seine Jünger, ja alle von ihnen, sollten so sein, wie Er und der Vater sind, denn so wie Er und der Vater eins waren, so sollten sie mit Ihnen beiden eins werden. Und was Er im 22. Vers sagt, untermauert diesen Glauben noch weiter, falls es nötig ist, ihn noch zu untermauern. Er sagt dort: „Und ich habe ihnen die Herrlichkeit gegeben, die du mir gegeben hast; denn sie sollen eins sein, wie wir eins sind, ..." Das heißt so viel wie, dass ohne die Herrlichkeit , die der Vater Ihm gegeben hat, sie nicht eins

mit Ihnen sein könnten, denn Er sagt, dass er ihnen die Herrlichkeit gegeben habe, die Sein Vater ihm gegeben hat, damit sie eins sein könnten oder, mit anderen Worten, um sie einig zu machen.

14. Hiermit ist das Äußerste gesagt, was zu diesem Thema zu sagen ist, und es zeigt mit größter Klarheit, dass der Erlöser wünschte, dass Seine Jünger verstehen sollten, das sie in allen Dingen Seine Teilhaber sein würden, nicht einmal Seine Herrlichkeit ausgenommen.

15. Es ist kaum notwendig, hier noch einmal auf das hinzuweisen, was wir schon vorhin angemerkt haben, dass die Grundlage für die Herrlichkeit, die der Vater und der Sohn besitzen, darin liegt, dass Sie heilige und gerechte Wesen sind und dass Sie, wenn nicht Vollkommenheit Ihr Wesen ausmachen würde, Sie sich auch niemals der Herrlichkeit erfreuen könnten, die Sie besitzen, denn um diese zu haben, ist es erforderlich, dass jemand genau das ist, was Sie tatsächlich sind. Wenn der Erlöser diese Herrlichkeit irgendjemandem geben will, muss Er es genau auf die Weise tun, die Er im Gebet an Seinen Vater darlegt: indem Er dafür sorgt, dass sie eins mit Ihm werden, so wie Er und der Vater eins sind. Wenn Er das tut, gibt Er ihnen damit die Herrlichkeit, die der Vater Ihm gegeben hat. Wenn aber Seine Jünger durch Ihn mit dem Vater und Sohn eins geworden sind, so wie der Vater und der Sohn eins sind, wer kann dann nicht erkennen, wie sehr es die Sache trifft, wenn der Erlöser sagt: „Wer an mich glaubt, wird die Werke, die ich vollbringe, auch vollbringen, und er wird noch größere vollbringen, denn ich gehe zum Vater."

16. Diese Lehren des Erlösers zeigen uns mit größter Klarheit das Wesen der Erlösung und, was Er der Menschenfamilie anbot, als Er sich erbot, sie zu erlösen. – Er bot an, sie zu dem zu machen, was Er ist; und Er ist wie der

Vater, der das große Urbild aller seligen Wesen ist. Welcher Teil der Menschheit auch immer in Ihr Ebenbild verwandelt wird, ist erlöst, und anders als Sie zu sein bedeutet Zerstörung. Um diesen Angelpunkt dreht sich das Tor zur Erlösung.

17. Wer kann jetzt nicht einsehen, dass Erlösung das Ergebnis des Glaubens ist? Denn wie wir vorhin festgestellt haben, wirken alle himmlischen Wesen durch diesen Grundsatz; und weil sie dazu fähig sind, sind sie selig, denn nichts anderes könnte sie selig machen. Dies ist die Lehre, die der Gott des Himmels durch den Mund Seiner heiligen Propheten der Welt beizubringen bemüht ist. Also wird uns gesagt: „Ohne Glauben aber ist es unmöglich, Gott zu gefallen; ..." und dass die Erlösung durch Glauben kommt, damit sie durch Gnade geschieht, auf dass die Verheißung für alle Nachkommen Gültigkeit besitze (Röm. 4:16). Israel, das nach dem Gesetz der Gerechtigkeit strebte, hat dies Gesetz verfehlt. Warum? Weil sie es nicht durch Glauben erlangen wollten, sondern durch die Werke des Gesetzes; deshalb stolperten sei sie über den „Stein des Anstoßes" (Röm 9:32). Jesus sagte zu dem Vater, der seinen Sohn zu Ihm brachte, damit Er den Teufel austreibe, der das Kind quälte: „Wenn du kannst? Alles kann, wer glaubt." (Mk. 9:23) Dies und eine Menge von anderen Schriftstellen, die hier angeführt werden könnten, machen klar, in welchem Lichte der Erlöser und die Heiligen vor alters den Plan der Erlösung betrachteten. Er ist ein System des Glaubens – er beginnt mit Glauben und wird durch Glauben fortgeführt, und jede Segnung, die man durch ihn erhalten kann, ist eine Wirkung des Glaubens, sei es eine Segnung in diesem oder im künftigen Leben. Hierüber legen die Offenbarungen Gottes Zeugnis ab. Wenn es Kinder der Verheißung gab, so wurden sei es als Folge des Glaubens, und nicht einmal der Erlöser der Welt machte hierbei eine Ausnahme. „Selig ist die, die geglaubt hat, sagte ,Elisabeth, als

Maria sie besuchte, „dass sich erfüllt, was der Herr ihr sagen ließ" (Luk. 1:45) Die Geburt Johannes des Täufers war nicht weniger eine Angelegenheit des Glaubens, denn sein Vater Zacharias wurde mit Stummheit geschlagen, um ihn zum Glauben daran zu bringen. Und so sieht das Muster von Leben und Erlösung in der ganzen Geschichte aus. Es ist eine Frage des Glaubens. Jeder Mensch empfängt gemäß seinem Glauben – so wie der Glaube war, waren auch die Segnungen und Möglichkeiten; und nichts wurde je zurückgehalten, wenn der Glaube ausreichend war, um es zu empfangen. Durch Glauben konnten Menschen, Löwen den Rachen stopfen, Feuersglut löschen, scharfen Schwertern entgehen, im Krieg zu Helden werden und feindliche Heere in die Flucht schlagen; Frauen haben ihr toten Kinder durch Auferstehung zurückerhalten; in einem Wort: nichts war denen unmöglich, die Glauben hatten. Alle Dinge waren den Heiligen der früheren Zeiten untertan, so weit ihr Glaube reichte. Durch ihren Glauben konnten sie himmlische Visionen, den Dienst von Engeln und Kenntnis erhalten vom Zustand gerechter, vollkommen gemachter Menschen in der Geisterwelt, über die allgemeinen Versammlungen und die Kirche des Erstgeborenen, die Heiligen, deren Namen im Himmel geschrieben stehen, über Gott, unser aller Richter, über Jesus, den Mittler des Neuen Bundes, und sie konnten mit dem dritteln Himmel vertraut werden und Dinge sehen und hören, die zwar nicht unaussprechbar sind, die auszusprechen aber nicht erlaubt ist. Petrus sagt angesichts der Macht des Glaubens zu den Heiligen der Urkirche (2. Pe. 1:2,3): „Gnade sei mit euch und Friede in fülle durch die Erkenntnis Gottes und Jesu, unseres Herrn. Alles, was für unser Leben und unsere Frömmigkeit[43] gut ist, hat seine göttliche Macht und

---

[43] Luther übersetzt hier: …Nachdem allerlei seiner göttlichen Kraft, was zum Leben und göttlichen Wandel dient, uns geschenkt ist …" (göttlicher Wandel" in der King-James-Version „godliness").

geschenkt; sie hat uns den erkennen lassen, der uns durch seine Herrlichkeit berufen hat." Im ersten Brief sagt er (1. Pe. 1:3-5): „Gepriesen sei der Gott und Vater unseres Herrn Jesus Christus; Er hat uns in seinem großen Erbarmen neu geboren, damit wir durch die Auferstehung Jesu Christi von den Toten deine lebendige Hoffnung haben und das unzerstörbare, makellose und unvergängliche Erbe empfangen, das im Himmel für euch aufbewahrt ist. Gottes Macht behütet euch durch den Glauben, damit ihr das Heil erlangt, das am Ende der Zeit offenbart werden soll."

18. Diese beiden Aussagen zusammen zeigen die Ansicht des Apostels mit größter Klarheit, so dass niemand es missverstehen kann. Er sagt, dass alle Dinge, die zu Leben und göttlichem Wandel nötig sind, ihnen durch ihre Erkenntnis Gottes und des Erlösers Jesus Christus gegeben wurden. Und wenn sich die Frage erhebt, wie sie Erkenntnis Gottes erlangen konnten (denn es besteht ein großer Unterschied zwischen „an Gott glauben" und „Gott erkennen" – Erkenntnis schließt mehr ein als Glauben. Mach beachte, dass alle Dinge, die zu Leben und göttlichem Wandel nötig sind, durch die Erkenntnis Gottes gegeben werden), dann wird hier die Antwort gegeben: durch Glauben sollten sie diese Erkenntnis erlangen. Wenn sie aber durch Glauben die Macht hatten, Erkenntnis Gottes zu erlangen, konnten sie durch ihn letztlich auch alle Dinge erlangen, die zu Leben und göttlichem Wandel nötig sind.

19. Durch diese Aussagen des Apostels lernen wir, dass die Erkenntnis Gottes das Erkennen aller Dinge umschließt, die zu Leben und göttlichem Wandel nötig sind, und dass diese Erkenntnis ein Ergebnis des Glaubens ist, so dass alles, was zu

---

Joseph Smith fasst diesen Terminus offensichtlich in der am weitesten gehenden Bedeutung auf, die möglich ist: als ein Wandel, wie Gott ihn führt.)

Leben und göttlichem Wandel nötig ist, als Ergebnis des Glaubens zu uns gelangt.

20. Von diesem Punkte aus können wir uns ausdehnen so weit, als irgendwelche Umstände auf der Erde oder im Himmel es verlangen mögen, und wir werden finden, dass es das Zeugnis aller inspirierten Menschen oder himmlischen Boten ist, dass alles, was zu Leben und göttlichem Wandel nötig ist, als Ergebnis des Glaubens erlangt wird und auf keine andere Weise. Gelehrsamkeit, Klugheit, Weisheit und jedes andere Mittel verfehlen die Erlösung, nur der Glaube erlangt sie. Dies ist der Grund dafür, dass die Fischer von Galiläa die Welt belehren konnten – sie suchten im Glauben und empfingen durch Glauben. Und dies ist der Grund, warum Paulus alles als Unrat und Abfall ansah – was er vorher als Gewinn angesehen hatte, nannte er seinen Verlust, und er erachtete alle Dinge als Verlust gegenüber der unübertrefflichen Erkenntnis Christi Jesu, seines Herrn (Phil. 3:7-10). Um den Glauben zu erlangen, durch den er sich der Erkenntnis des Herrn Jesus Christus erfreuen konnte, musste er den Verlust aller anderen Dinge erleiden. Dies ist der Grund dafür, dass die Heiligen der alten Zeiten mehr von himmlischen Dingen wussten und verstanden als die Menschen um sie herum, weil dies Wissen eine Wirkung des Glaubens ist – und durch kein anderes Mittel erlangt werden kann. Die ist auch der Grund dafür, dass die Menschen, sobald sie ihren Glauben verlieren, in Auseinandersetzungen, Streit, Finsternis und Schwierigkeiten geraten. Denn die Erkenntnis, die zum Leben führt, verschwindet mit dem Glauben, kehrt aber zurück, wenn auch der Glaube zurückkehrt. Wenn der Glaube kommt, bringt er eine Reihe von Begleiterscheinungen mit sich: Apostel, Propheten, Evangelisten, Hirten, Lehrer, Gaben, Weisheit, Erkenntnis, Wunder Heilungen, Zungenrede, Auslegung der Zungenrede usw. All diese erscheinen, wenn der Glaube auf Erden erscheint, und verschwinden, wenn der Glaube

verschwindet. Denn dies sind Wirkungen des Glaubens; sie haben ihn immer begleitet und werden ihn immer begleiten. Wo Glaube ist, wird auch Erkenntnis Gottes sein mit allen dazugehörigen Begleiterscheinungen: Offenbarungen, Visionen, Träume, wie allem, was nötig ist, damit die, die Glauben besitzen, vervollkommnet werden und Seligkeit erlangen können. Denn der Glaube wird siegen, sonst müsste Gott sich ändern. Und wer Glauben besitzt, wird durch ihn alle nötige Erkenntnis und Weisheit erlangen, bis er Gott kennen wird und den Herrn Jesus Christus, den Er gesandt hat — welche zu kennen ewiges Lebens ist. Amen

Literaturverzeichnis

Die Bibel. Nach der deutschen Übersetzung Martin Luthers in der revidierten Fassung von 1912, in: https://bibeltext.com/l12/genesis/1.htm. Abgerufen am 17.08.2020. Das gewünschte Buch ist vor dem letzten Querstrich einzugeben.

Die Köstliche Perle. Eine Auswahl aus den Offenbarungen, Übersetzungen und Schriften von Joseph Smith, erster Prophet Seher und Offenbarer für die Kirche Jesu Christi der Heiligen der Letzten Tage, in: Kirche Jesu Christi der Heiligen der Letzten Tage (Hg) (2003): Das Buch Mormon. Ein weiterer Zeuge für Jesus Christus. Lehre und Bündnisse der Kirche Jesu Christi der Heiligen der Letzten Tage , Die Köstliche Perle. Frankfurt am Main. (Kurzbezeichnung: Köstliche Perle.)

Diemer, Alwin/Frenzel, Iwo (Hg.) (1971): Das Fischer Lexikon Philosophie, Neuausgabe, Fischer Bücherei, Frankfurt am Main und Hamburg

Dietzfelbinger, Ernst (1986): Das Neue Testament, Interlinearübersetzung Griechisch-Deutsch, Griechischer Text nach der Ausgabe von Nestle-Aland, 26. Auflage, übersetzt von Ernst Dietzfelbinger, Hänssler-Verlag, Neuhausen-Stuttgart. (Kurzbezeichnung: Interlinearübersetzung)

Katholische Bibelanstalt (2016): Die Bibel. Einheitsübersetzung der Heiligen Schrift. Gesamtausgabe, Verlag Katholisches Bibelwerk, Stuttgart (Kurzbezeichnung: Einheitsübersetzung)

Lehre und Bündnisse der Kirche Jesu Christi der Heiligen der Letzten Tage, Offenbarungen enthaltend, die dem Propheten Joseph Smith gegeben wurden nebst einigen

Hinzufügungen seiner Nachfolger in der Präsidentschaft der Kirche, in: Kirche Jesu Christi der Heiligen der Letzten Tage (Hg) (2003): Das Buch Mormon. Ein weiterer Zeuge für Jesus Christus. Lehre und Bündnisse der Kirche Jesu Christi der Heiligen der Letzten Tage , Die Köstliche Perle, Frankfurt am Main.(Kurzbe-zeichnung: Lehre und Bündnisse).

The Deseret Book Company (Hg.) (1976): History of the Church of Jesus Christ of Latter-day Saints, Period I, History of Joseph Smith, the Prophet by himself, Volume II, An Introduction and Notes by B. H. Roberts, The Deseret Book Company, Salt Lake City, Utah. (Kurzbezeichnung: History of the Church)

The Holy Bible. Containing the Old and New Testaments. Translated out of the original Tongues and with the former translations diligently compared and revised by His Majesties special command, Specially bound for the Church of Jesus Christ of Latter-day Saints, Deseret Book Company, Salt lake City, Utah o. Jg. (Kurzbezeichnung: King-James-Version)

In der **Edition Eliza** sind bisher erschienen
Carol Lynn Pearson: Anfänge. Gedichte
Edition Eliza 2, aus dem Amerikanischen übertragen von
Angelika und Thorolf Glumann, 2. deutsche Auflage, 84 Seiten
Gebundene Ausgabe, als Geschenk besonders geeignet:
ISBN: 978-3-749420-339
Taschenbuch, ISBN 978-3-746015-347
eBook, 1514 KB, ASIN: B07TGB6PX9
Carol Lynn Pearson (Jahrgang 1939) hat an der BYU ihren Abschluss
in Theaterwissenschaft erworben. Bekannt wurde sie in den USA
durch zahlreiche Publikationen. In Deutschland debütierte sie mit
den autobiographischen Roman „Goodbye, I love you", in dem sie
ihre Ehe mit ihrem homosexuellen Mann darstellt, der schließlich an
AIDS erkrankt und von ihr bis zu seinem Tod gepflegt wird Pearsons
Gedichte sind ein persönliches Glaubensbekenntnis. Sie sprechen
von Liebe – der Liebe zwischen Mutter und Kind, Mann und Frau,
einem Christen und seinem Gott.
Für alle, die Englisch sprechen oder englischsprachige Freunde
haben: Die englische Übersetzung des z. Zt. in deutscher Sprache
vergriffenen Gedichtbandes „Zukunftsmusik".
Bruno Johannsson: Come. Poems
Eliza Editions 1, Translation from the German by Hilary Teske
Hardcover as a beautiful gift: ISBN 978-3-740730-659
Softbound, ISBN 978-3-374074-4496, eBook,; ASIN:B0785GL43K
Der Autor umschreibt im ersten Teil sein Christsein als Sünder und
Heiliger und stellt im zweiten Teil beunruhigende Fragen an unsere
Zeit. Im dritten Teil schaut er auf die glorreichen Prophezeiungen
über die Wiederkehr Christi und beschreibt im vierten Teil unser
aller Aufgaben dabei.
Hier eine prominente Kritik:
"Ein Gedichtband, der die Schönheit seiner Struktur nur nach
wiederholtem Lesen offenbart. Aber dann sollte es für den
aufmerksamen Leser möglich sein, in all diesen Gedichten seine
Ängste ebenso wie seine Hoffnungen aber auch seine Aufgaben zu
erkennen.
(Prof. Dr. Sigrid Lichtenberger, Universität des Saarlandes,
Germanistische Abteilung))

In der **Edition Sokrates** haben bisher 4 Bände das Licht der Welt erblickt. Sie befassen sich auf allgemein verständliche Weise mit aktuellen und zeitlosen Fragen der Sozialphilosophie, der Erkenntnistheorie, der Ethik und der Metaphysik.

Thea und Bruno Johannsson: Philosophische Dialoge,
Bände 1 bis 4, Jeder Band enthält neben ca. 5 Live-Dialogeneinen Dialog und ein Interview, die bei Radio Darmstadt aufgenommen und gesendet wurden.
Paperback, 200 – 300 Seiten, Titel und Inhalte sind:
Band 1: Spielregeln der Gesellschaft. Was uns zusammenhält und auseinandertreibt,
ISBN: 978-3-744886-970
Was leistet die Demokratie, wo liegen ihre Grenzen? Ist Privateigentum Diebstahl am Gemeinwohl? Wie sieht die globale Dimension des Flüchtlingsproblems aus? Wollen wir gleich sein? Freiheit - eine nützliche Illusion?
Band 2: Der Weg zur Wahrheit – holprig und schmal?
ISBN: 978-3-752868-470
Wesen und Gefahren der Philosophie. Ist christliche Philosophie möglich? Wahrheitsfindung und Sprache. Die Bedingungen der Wahrheitsfindung.
Band 3: Im Chaos der Möglichkeiten. Wo ist mein Weg?
ISBN: 978-3-7481-3926-3
Weltanschauung – Toleranz - Gewalt? Sterbehilfe – Pro und Contra. Effizienz – Damoklesschwert der Moderne? Ist das ökonomische Prinzip moralisch indifferent? Flüchten oder Bleiben? – Ein Jahrtausendproblem.
Band 4: Letztfragen
ISBN: 978-3-749467-839
Geist: Gibt es ihn – gibt es ihn nicht? Schluss aus oder geht es weiter nach dem Tod? Schon entschieden: Evolution oder Schöpfung? Ein altmodisches Paar: Gut und Böse? Liebe – Illusion oder geheime Macht? Gott – Illusion oder Realität?

Helmuth Müller, Redakteur bei Radio Darmstadt, nach der 1. Aufnahmesession im Jahre 2016:
„Ich wusste gar nicht, dass Philosophie so verständlich sein kann."

In der **Edition Aquin** sind bisher erschienen
Bruno Johannsson:
Flucht – eine globale Herausforderung.
Wege im Dilemma
Paperback 336 Seiten,ISBN 978-3-740743-116
eBook 827 KB, ISBN 978-3-740756-**727**
Ein grundlegendes Sachbuch zum Thema Flucht
mit radikalen Analysen und Vorschlägen

Wäre Angela Merkels Flüchtlingspolitik ohne die Mauern in Ungarn und der Türkei gescheitert? Ist die Nichtzurückweisungsklausel der Genfer Flüchtlingskonvention überhaupt praktisch durchführbar, wenn zu viele über die Grenze drängen? Wie soll der einzelne Bürger sich verhalten, wenn ihm plötzlich Opfer abverlangt werden, die er freiwillig nie auf sich genommen hätte? Fördert die von den meisten Aufnahmeländern betriebene dauerhafte Integration die Ausblutung der Herkunftsländer? Was kann oder soll ein Nationalstaat tun, wenn die UNO nicht in der Lage ist, das Problem zu bewältigen? Wie kann die dramatische Unterversorgung von zig Millionen Flüchtlingen beseitigt werden? Das sind einige der Fragen, denen in diesem Buch nachgegangen wird. Das Ergebnis sind teilweise beunruhigende Analysen und im Vergleich zum flüchtlingspolitischen Mainstream radikale Vorschläge.

Bruno Johannsson:
Flüchtlingspolitisches Manifest
Die Thesen, Fragen und Vorschläge aus
„Flucht – eine globale Herausforderung
Taschenbuch 71 Seiten , ISBN 978-3-7407-4783-1
eBook 827 KB, ISBN 978-3-740756-727

Dieses Manifest ist eine Kurzfassung von „Flucht – eine globale Herausforderung. Wege im Dilemma" für alle, die sich einen Eindruck von den zentralen Gedanken des obigen Werkes über Flüchtlingspolitik verschaffen wollen. Eine noch kompaktere Darstellung findet sich auf www.theaundbruno.jimdofree.com als **Agenda für eine global-solidarische Flüchtlingspolitik (gsFP),** die Thea und Bruno Johannsson am 16. April 2018 der Öffentlichkeit übergeben haben.

Alle Titel sind als Bücher und eBooks im lokalen Buchhandel und Online z. B. über www.amazon.de erhältlich. Dort sind auch Leseproben durch einen Klick auf das Cover einsehbar. Weitere Leseproben finden sich auf www.omega-media.net und www.theaundbruno.jimdofree.com. Die Ausleihe der eBooks ist z. B. per Flatrate bei www.skoobe.de möglich.

Weitere Leseproben finden sich auf www.omega-media.net/vorlesung-über-glauben